社長が3か月不在でも、仕組みで稼ぐ、

年商10億円ビジネスのつくり方

矢田祐二 著

セルバ出版

はじめに

本書は、「ビジネスを年商10億円以上にしたい」、「会社を次のステージにアップしたい」、「スピードを持ってビジネスを展開したい」、「属人的ではなく、もっと仕組みで稼ぎたい」と、本気で望んでいる方のために書きました。

本書の最大の特徴は、「年商10億円ビジネスの条件と全体像」を解き明かした点にあります。

年商10億円ビジネスには、「条件」とも呼べるほどの絶対に満たしておくべき要素があります。その条件を満たしたビジネスだけが、この厳しい環境の中でも、年商10億円という規模まで、それを成長させ、大きく儲けることができます。

その年商10億円の条件を、「集客」や「内部の仕組み」、「社員教育」などと、バラバラに考えてはいけません。それらすべてを、1つのビジネスモデルとして『全体』として捉え、つくり上げる必要があります。

世の中の急成長するビジネスや創業数年で株式上場まで果たす会社の経営者は、この条件を知っています。そして、この条件を最短で満たすために、資源や行動のすべてを注ぎ込みます。そこに迷いはありません。

それに対し、年商数億円で成長を止める会社があります。その会社は、「年商数億円の規模の条件」

を満たしているために、その規模で成長を止めてしまっているといえます。

どんな会社も、年商10億円ビジネスの条件を知り、それを1つひとつ満たしていくことで、再び成長を始めることができます。

年商数億円の経営の延長に、年商10億円はありません。年商10億円には、それに相応しい事業モデルがあり、それに相応しい仕組みがあります。

本書では、実際の変革事例を多く用い、ご説明をしております。年商10億円ビジネスの条件とその全体イメージを持っていただければ幸いです。

本書が、多くの経営者、そして、志高い皆さまのお役に立てることを願っております。

平成29年2月

矢田　祐二

社長が3か月不在でも、仕組みで稼ぐ、年商10億円ビジネスのつくり方　目次

第2章　10億円事業へのビジネスモデル、ココが変革の分岐点

第4章　考え、行動する現場、社長に提案する管理者をつくる

第5章　人材の自動戦力化こそ、成長を続ける組織づくり

第6章　次の成長をつくる、10億円、20億円、30億円への戦略

あとがき

第1章

中小企業の社長は、売れて儲かる年商10億円ビジネスを目指せ！

1　売上前年対比10％、20％の伸びを喜んではいけない

本当の意味で「社長が現場を離れられる」状態とは？

本書は、年商10億円ビジネスを構築するための実務書です。それもただの年商10億円ではなく、社長が現場を離れ、仕組みが回り、しっかり儲かる年商10億円ビジネスです。

本書の題名でもある「社長が3か月不在でも」という状態は、ただ単に「社長がいなくても通常業務が回っている」という低いレベルの話ではありません。

サービス的な要素の多い事業を行う中小企業では、狙った質のサービスを安定して提供できることが重要になります。また、それぞれの現場で日々起きる問題に対し、各スタッフが目的や状況に合わせ適切に判断し、対応ができることが求められます。

それができて初めて、通常の業務が回り、日々顧客を満足させ、売上を得ることができるのです。

そして、変わりゆく顧客の要望に応え、競合他社に打ち勝つために、そのサービスとその仕組みを、スピードを持って進化させていく必要があります。

そのために、社長は、「社長の役目」として、顧客や世の変化をいち早く察知し、事業の変革を決断し、新たな目標と方針を示します。

そして、その実現のために、各部門が組織としての機能を発揮する必要があります。各部門は、その与えられた部門目標の達成と業務の改善のために、考え、行動し、それを実現します。

そして、多くの資源を投じた経験から得た貴重な教訓を、ナレッジ（知恵）として仕組みに活かし、マニュアルに蓄積し、全社的に展開するというサイクルを回します。この会社としての成長のサイクルを持つことが、必要になります。

ここまでできて、初めて社長は、現場を離れられるのです。本当の意味で、「社長が現場を離れられる」とは、「成長を続ける組織」があり、社長がその場にいなくても、日々成長を続けている状態を指します。そして、ここまでできて、会社は大きく飛躍することが可能になります。

一見、社長が現場を離れているという会社でも、実は、全くできていないことは多くあります。それは、ある1人の優秀な人材が、その業務を取り仕切っているという状態です。

これは、社長の抱えている業務が、その優秀な人材に移行しただけであり、周囲のスタッフは、その時々に、その人材の指示に従って業務をこなしている状態にあります。

今後、業務が増え、スタッフが増えれば、その人材が替わりに業務に忙殺されることになります。これは、その人材に、自社のノウハウも顧客情報もつくことになり、経営的には、社長が回していたときよりも、リスクの高い状態といえます。

この状態は、仕組みというには、ほど遠いものなのです。その人材がいなくなれば、社長がまた現場に戻ることになります。そして、その人材が持っているノウハウや顧客情報などは、永遠に会社から失われることになります。

また、いくら優秀でも、1人の人材がこなせる仕事量や、管理できるスタッフの数や場所には限界があります。今後のより大きく展開し、大きく儲けるという段階で、組織としての停滞を迎えることになります。

建設関連業T社　年商8億円が4年で年商28億円に

建設関連業T社は、年商8億円が4年後には年商28億円になりました。本書では、このT社の変革の事例を中心に、年商10億円ビジネス構築の考え方を説明します。

T社との出会いは、当社が定期的に開催しているセミナーに、T社長が参加されたことがきっかけです。その後、コンサルティングの申込みをいただき、事務所を訪問させていただきました。事務所を見れば、その会社の多くがわかることから、できるだけ事務所へ出向いてのコンサルティングスタイルをとっています。

その日は生憎の雨で、空は灰色の厚い雲に覆われ、昼なのに夜のような暗さでした。片側2車線の交通量の多い幹線道路に面した野原がその場所です。

そこには、レール上を移動するクレーンと複数の加工機械があり、10名ほどの雨合羽を着た作業員が黙々と作業をしています。砕石が敷かれた作業ヤードの周辺は雑草がうっそうと茂り、朽ち果てた材料が散乱しています。

事務所らしき2階建てのプレハブの1階は、休憩所のようで山盛りの灰皿が見えます。階段を登る私の靴が泥で汚れています。引戸を開けて元気に挨拶をしました。

「こんにちは、ワイズサービス・コンサルティングの矢田です」

「・・・・」

返事がありません。

10畳ぐらいの広さの部屋。そこには、40歳前後の男性2名が、図面を開いてボソボソ打合わせをしています。そして、壁際の机で、頭に手ぬぐいを巻いた赤いニッカポッカの親方風の男性が、咥え煙草で紙に何かを書いています。奥のほうで、女性事務員が、パソコンに打込み作業をしています。なぜ、私が、これだけはっきり観察できたのか、それはそのまま沈黙の間があり、この挨拶を再度することになったからです。

２回目の挨拶をしたときに、やっと奥からセミナーでご挨拶をさせていただいたT社長の笑顔が出てきました。「矢田先生、お待たせしてすみません。どうぞこちらへ」。体は筋肉質で大きく、頭は丸刈り、その笑顔からはT社長の誠実さが伝わってきます。

私は、散らかった土間の靴を手早く並べ、自分でスリッパを出し、事務所に上がりました。その様子を見ていた男性社員の１人が、鼻で笑ったのを感じることができました。

気にせず、奥の部屋に入ると、事務所同様に散らかっています。私が席に座ると、社長から次の第一声がありました。

「矢田先生、組織って何ですか？」

この質問、実は非常に多いものです。

ビジネスに関する書籍やテレビ番組などを見ていると、その内容から、その会社の事業の強みや特徴などは、ある程度は理解できます。しかし、組織というものは、外部からはまったく知ることができません。

雰囲気として、元気がよい組織であることや、社員が意見を本気で出し合っていることは伝わります。しかし、そこで何が行われているのか、なぜそのようになっているのかは、わかりようがないのです。

根本的に、「儲かる事業をつくること」と「稼ぐ組織をつくること」は、まったく別のものであるという認識が必要です。

事業とは、「見込客を集め、商談から製作、納品までの仕組みのこと」を指し、組織とは、「ある目的を実現するために集まった人の機能的な集合体」を指します。

この組織づくりが、事業が軌道に乗り、スタッフの人数が増え、部門制という業務の役割分担をする規模で必要になってきます。それが、年商数億円から年商10億円の成長の過程にあります。

しかし、この事業の仕組みと組織の構築の過程を経験した人は、世の中にそうはいません。

その事業も組織も出来上がっている大企業に勤めている人でさえ、自分たちがどういう仕組みの中で働いているのか、全く認識していません。

入社するとすぐにやる仕事があり、それをすぐにこなすことができます。入社数か月で、実はとんでもなく大きな金額を動かしていることもあります。

帳票を自分で新たにつくることもありません。職場の誰しもがローテションで数年ごとに入れ替わっても、業務は問題なく流れ、業績が下がることもありません。これが当り前にあるのです。

大企業の何がすごいかというと、実はその仕組みです。その仕組みにより、多くの人を動かし、効率よく稼ぐ仕組みがすごいのです。

中小企業の後継者の中にも、大企業に就職し、会社を継ぐために戻ってきた方がいます。そして、その多くの方が、自社に仕組みと呼べるものがないことに驚くという経験をします。しかし、大企業で働いた経験はあるにしても、その仕組みづくりに参加したわけでもなく、全体像が見えるはずもなく、結局、自社では実行に移せずにいます。

まして、年商数億円から年商10億円に変革するその過程に立ち会った人など、ほとんどいないのです。

ですから、この「組織とは何ですか」というT社長の言葉がもっともなのです。


売上が増えるほど問題勃発と混乱、その根本的な原因

T社長は、高校に数か月通うものの退学し、社員十数名という規模の会社に就職しました。そして、３年ほど勤めて独立、その後15年間が経ち、このとき年商８億円になっていました。

スタッフは、社員20名と、専属外注の職人が40名ほどの体制です。仕事を請けたら、何としても納期を守る真面目な仕事ぶりで信頼を勝ち得ていました。

そして、この規模になり感じるものがあり、T社長は、経営の勉強を始めました。

経営者向きのセミナーや書籍を読むと、「仕組み」や「組織」という言葉と接する機会が多くあります。しかし、社長自身、組織で働いた経験がないために、どうしてもそのイメージを持つことができませんでした。当社のセミナーに参加したのもその時期でした。

「不安なのです。創業してから我武者羅にやってきて、何とかここまで来れました。売上も増え、自分についてきてくれる社員も増えました、気づくとこうなっていました。これからどうすればいいか、正直わかりません。これからのことを考えると、不安しかありません」。

大きな額に汗が浮かんでいます。

「管理者2人は、中学時代からの連れですが、こんな相談をしても、返ってくる答えは、ついていきます、とだけです」。

先ほどの打合わせをしていた男性2名がその管理者でした。ソファに前かがみに座る社長の声も少し大きくなっています。

「これ以上は限界です。絶対にこれ以上いきません。うちの会社には何もありません。自慢できるような事業の強みもなければ、他社のような組織もありません。優秀な社員もいなければ、社長もこんな私です。こんな状態では長く続きません、まして、今以上に仕事が増えれば、ますます問題が増えてしまいます」。

この率直な言葉を前に、私は、最初に、事業構築を進める上で、基本的でありながらも、最も大きく重要な考え方を説明させていただきました。

事業構築は、「開発」と「展開」という2つの段階で考えることが必要になります。

開発：しっかり仕組みで回り、儲かる事業モデルをつくる
展開：そのできた事業モデルを拡げ、より大きく儲ける
開発は、事業モデルをしっかりつくり込む段階です。「見込客を集客できる」、「営業担当が販売できる」、「受注からの製作納品がスムーズである」、そして「しっかり回収する」。この一連の仕組みができていること、そして、その結果として『しっかり儲かっていること』、このつくり込みの段階なのです。それから、展開に移ります。

展開では、いよいよ大きく儲ける段階です。すでにその事業モデルは仕組みで回り、しっかり儲かることを確認できています。「より多くの顧客を開拓する」、「販売促進費を倍増する」、「支店や営業所をつくる」、「店舗を展開する」ことで大きく儲けることができます。

出来上がった『仕組みで回り儲かる1億円』の事業モデルを、2個つくれば2億円、4個つくれば4億円、10個つくれば10億円となります。この展開の段階では、その展開を支える機能的な組織が本格的に必要になります。

ここまで説明をさせていただき、T社長に質問を投げさせていただきました。「社長の会社は、

今どちらの段階ですか?」。

T社長は、すぐにこの話を理解されました。「今、展開の段階に来ています。しかし、実は開発の段階でしっかりできていなかったのです。仕組みで回せていません」。

T社の状況を確認させていただくと、社長の言われるとおり、それは開発の段階ができていない会社に、共通して見られる問題ばかりです。

新規顧客の開拓や営業は、社長しかできません。工事の計画や積算、施工班の割振り、業者や重機の手配という業務は、その管理者2人しかできません。また、いたるところで、施工間違いや手配漏れなどミスも多く発生していました。

「それに関係してか、小さな事故も増えています。仕事は取れるものすべて、無理してでも受けてきました。そして、社員や外注を増やせば何とかなると考えていました。今は、楽になるどころか、問題が大きくなるばかりです」。

この開発の段階で、しっかり仕組みで回る事業モデルをつくることが重要になります。

当たり前のことですが、仕組みで回っていない、儲かっていない1億円を複数つくっても、そのコピーが複数できるだけで、それだけ混乱が拡がることになります。

社員に「怒る」、「教育する」は間違った方向

この段階で社長は、しっかりこの考えを持つ必要があります、「今、この事業は開発段階であり、大きく展開（量産）する前のプロトタイプ（試作）をつくり込んでいる」という意識です。

例えて言えば、金型です。製作した金型でよい製品ができることが確認できれば、そのまま良品を量産できます。しかし、その金型が悪ければ、不良品が量産されることになります。この金型を見つける段階、この金型をつくる段階なのです。

私は、しっかりご理解いただくために、少し強い表現で補足をさせていただきました。「この開発段階では、売上前年対比10％や20％の伸びを目指さないでください」。

T社長は、この言葉には驚かれたようですが、次の説明をすると、しっかり納得をされました。この開発段階では、売上の伸びを気にする必要はありません。それどころか、気にしてはいけません。この段階では、今後大きく伸びる事業モデルの開発に注力し、一時でも早いその完成を急ぐ時期なのです。

この意識を持たない社長は、前年対比10％や20％の伸びで喜びます。そこに仕組みの発展がなければ、意味がありません。それどころか、問題は増え、益々自分が現場から離れられない状況に陥ることになります。

そして、この段階でプロトタイプをつくっているという意識があるからこそ、日々起きる問題は、失敗ではなく、仕組みをつくり込むチャンスとして活かせるのです。

商談の場でお客様から寄せられた質問を聞いて、「お客様はこういうことも疑問に思うのか」と考え、カタログにその旨を記載することができます。

製作業務で外注業者に対し伝え漏れがあり、製作のやり直しが発生しました。それにより、「こういう引継ぎのミスが起きるのだ」と発見ができ、外注業者に対する依頼書のフォーマットを改良することができます。

各店舗からお客様に送る請求書が、送られていないことが発覚しました。それにより、請求書の発送と入金確認は、本部で一括して行うことにしました。

このように、起きたミスにより、改善することができるのです。このときの社長の想いは、あくまでも「事前にわかってよかった」となります。全く怒る必要も、落胆する必要もありません。

当然、すべてを開発段階で完成することはできません。事業というものは、どこまでもやってみないとわからないことだらけです。実際には、この開発をしながらも、展開、すなわち売上も求めることになります。そして、展開しながらも、一部では開発を続けることになります。

しかし、集客や販売、製作という仕組みがある程度確立していない段階での展開は、ただの「無謀」であるといえます。これならうまくいくという確認の段階を経て、初めて大きく社員の増員や拠点の新設、宣伝広告による売上拡大という展開ができるのです。

もし、このときに、業務の流れの中に、まだ「社長」が居るならば、さらに社長は日々の業務に忙殺されることになります。そして、経営的な取組みや仕組みづくりどころではなくなります。

この考えを持たない社長は、回っていない1億円を増やそうとします。

「整理された提案資料がなく、社員が顧客にサービスの説明ができない」、「製作の業務で、部門間のバトンリレーがうまくいっていない」、「在庫があるのかどうかわからないため二重発注や在庫切れが発生する」、「管理者がいちいち指示を出さないと業務が回らない」、このように仕組みで売れない、つくれない段階で、社員を入れても、当然機能しません。

1年が経って、「売上が10％アップした」ではなく、「1つの仕組みが出来上がった」ことのほうを成果があったと喜ぶべきなのです。

人を採用する余裕があるなら、その人件費を開発や仕組みづくりに充てるべきなのです。採用するにしても、仕組みづくりに貢献できる人材を優先します。

また、この段階では、社長が大きな報酬を得るのも待ってください。すべてを、「仕組みで回り、しっかり儲かる1億円」の一時でも早い完成に向けるのです。

そして、この考えがないと、「社員に怒る」や「社員を教育する」という間違った方向に向かうことになります。「営業するのに提案書もない」、「製作の業務の流れも明確でない」、「在庫管理のルールもない」、この状態で「社員」を正しても何も解決しません。直すべきは「仕組み」なのです。

このときに社員を怒れば、社員は委縮し、益々意見を言わなくなります。誰もこの理不尽な怒りに対抗することはできません。

たとえ、上手に褒めたり、社員教育を実施したりすることにより、社員のやる気や積極性を取り戻せたとしても、仕組みの発想がなければ何も変わりません。そして、成果も出ないために、1か月もすれば元に戻ることになります。

年商数億円の段階、この時期に次の大きな飛躍のために、仕組みで回りしっかり儲かる事業モデルをつくることが必要です。

「仕組みで回り、しっかり儲かる1億円」を10個つくれば、「年商10億円」、「仕組みで回っていない、儲かっていない1億円」を10個つくれば「混乱」です。

2　年商数億円の経営の延長に、年商10億円はない

新規事業は「撤退」を前提とする!?

仕組みで回り利益が出ることを開発段階で確認しているからこそ、大きく資源を投入して、大きく儲けるための展開段階に移行できます。

大手企業は、この考え方が当たり前にわかっています。新聞では、毎日「新規事業」や「テスト店を……」という記事を見ることができます。そして、この多くが、当初の思惑どおりいかず、いつの間にか消滅しているものです。

このような形で、まずは「開発」の段階において、その事業性の確認や問題点の洗出しを行います。その結果を見て、「大きく投資し、展開するかどうか」を判断します。

昨年も、大手回転寿司チェーンが、関東圏で新規事業として「回らない寿司」という業態を数店

舗オープンしました。そして、1年もしないうちにそのすべての店舗を閉鎖しました。

このニュースを聞いて、「失敗したね！」と観るのは大きな間違いです。試すことにより、その事業性を確認しただけなのです。これは、「予定どおり」の撤退ともいえます。

事業とは、事前にしっかり準備したとしても、そうは目論見どおりいかないものです。その事業の新規性が高く、まだ世の中にない事業であれば、なおさら予測できないことが多くなります。その新規性があるからこそ、儲けることができるのです。

他社がやっていること、世の中にありふれたことで、儲かることはありません。だからこそ、開発と展開という考え方が必要になります。その考えがあるからこそ、早い撤退の「判断」も可能となるのです。

この考え方は、この先も事業経営を行う上で、永続的に必要になります。「新メニューを出す」、「新しい料金体系を試す」、「集客イベントをする」、必ず試して修正を終えてから、大きく展開となります。

これにより、リスクヘッジができ、かつ、結果的に最速での展開ができるのです。

大手企業は、たくさんの店や拠点を所持するという強みを活かします。必ず数店舗や地域限定でテストを行い、展開するという手順を踏みます。

資源の限られる中小企業では、1つの投資でも大きな出費となります。だからこそ、この考え方をしっかり持ち、リスクをコントロールしながら、ビジネスの構築を進める必要があります。

老舗ホテルに見る急成長する企業の秘密

T社は、年商8億円が4年で28億円になりました。「事業にはそんな急成長はない」と言われる方がいます。

しかし、開発段階の終わった事業は、成功したモデルを複数つくるという次の展開に入ります。開発段階で、その事業性や仕組みもできています。確認ができているので、自信を持って大きく展開が可能になります。それが急成長できる理由です。

「確率はわかっているので、宣伝広告を倍にする」、「集客ができるので、営業担当を増員する」「同じような条件の立地を探し、出店攻勢をかける」、「隣の県に営業所をつくる」－世の急成長企業の理由もここにあります。

先日、百年以上続く老舗ホテルが、新規出店を各主要都市に建設するとのニュースがありました。「現在、2つのホテルで年商18億円、新たに2つのホテルを順次オープンすることで、十数年後には年商40～50億円を目指す」というものです。これが展開という考え方になります。

当然、この先も他社のホテルの建設は続き、より競争が激化することは予測されます。それでも、今までのホテル事業で培った特色や仕組みを活かすことができます。

T社は、新規の顧客を開拓していきました。ターゲット顧客である、ゼネコン1社と取引を開始できれば、年商が数億増えます。そして、もう1社開拓できればまた数億増えます。その流れを仕組みで繰り返すことで、しっかり取引は増えていきました。

そして、T社は、その仕事量を供給するだけの能力を高めるために、工場を増設し、自社の社員も増やし、外注も十数社増やしました。思い切ったシステムや設備投資を行い、自動化や省力化も進めました。

当初の売上は8億円、4年後に28億円、それだけの急成長でも仕組みがあったので、乗り越えることができました。混乱はないかと言えばウソになります、ものすごい混乱でした。

しかし、仕組みがあったからこそ、問題が起きる度に、その仕組みの改善に向かうことができました。問題の解決として、社員に対し怒ることも、成長を望むこともナンセンスなのです。問題が起きる度に、社員とともに仕組みの改善を繰り返しました。また、それにより、社員も大きく育つことになりました。

加えて、その過程で、各部門がしっかり部門として機能しました。各部門が、自分たちの役割を理解し、その自分たちの担う目標を達成するために考え、行動をしました。そして、受持ちの業務の改善の案をまとめ、社長に提案し、1つひとつ進めました。

この構築する要素とその順番については、第2章より詳細にご説明いたします。

「作業することが仕事」という社員をつくらないために

年商数億円から年商10億円に向け成長を繰り返すためには、仕組みとともに、組織をつくっていく必要があります。

年商2、3億円の規模であれば、社長が全体を見ることができます。年商10億円、年商10億円を越えるとは、「拠点が複数」、「年間数億の取引額のお客様が複数」、「生産拠点も複数」という状態になり、いよいよ見えなくなります。

そして、その後も、すべてにスピードを持った変化が必要になります。このときに、各部門がその役目を果たせるかが重要になります。

多くの企業では、業務を分担するために部門を設けます。そして、部門名をつけ、そこに人員を配置します。そのときには、各部門が果たす役割や機能など、何の準備もなくスタートを切ります。

やはり、組織が組織として機能するためには、持つべき仕組みが必要になります。

この仕組みが構築できていないと、この生産性とスピードを飛躍的に高めるはずの組織が、逆に多くの弊害を生むことになります。そのときに生じる主な現象は、次のようになります。

① 各部門が自発的に考えない

経営層に対し問題を打ち上げるだけで、解決策の提案がない。指示待ちの部下、名ばかり管理者ができる。

② 部門間の連携が悪い

業務の引渡しや調整などが上手くできず、問題が起きる。人間関係が悪くなり、お互いに境界線を引き、自発的な協力がなくなる。

③ 本当の情報が上がってこない

不良品発生や売上不振の真の原因がつかめない。そして、クレームを隠す。多くの対策は「もぐらたたき」であり、忘れた頃に再発する。

④　部門目標が達成されない

目標の存在を忘れる、できない理由をあげる、指示された行動がされない、各案件の進みが遅い。その結果、毎期、同じ目標を立てることになる。

ここに上げたものは、一般的に大企業病と呼ばれるものですが、スタッフ十数名という規模の会社でも見られる現象です。

10名、20名、30名とスタッフ数が増加するとともに、より効率化が進み、社員１人当たりの生産性が上がるはずです。しかし、社長と数名でやっていたときのほうが、生産性は高く、儲かったという会社は多くあります。

これらは、組織を機能させるための仕組みがないことに起因しています。

開発同様に、この展開では、「展開を支える組織、その組織の力を発揮するための仕組み」が求められる段階にあります。

閉塞感と全体のチグハグ感のある各部門の症状

なぜ各部門や各拠点が、こうなってしまったのか、その原因は実は明確です。

それは、昔からそれでやってきたのです。小人数で本社１か所の頃から、各担当には、作業をこなすことしか、やらせてこなかったのです。各担当は、問題を上に「打上げ」、それを社長や一部の優秀な社員が考え、解決策を各担当に指示として戻してきたのです。

そのため、業務を分担し部門が増えても、「自分たちは淡々と作業をこなすことが仕事」という認識のまま、考えることや提案をまとめるという風土が育たなかったのです。

よく「飲食店は、4店舗で成長が止まる」と言われますが、その原因もここにあります。

3店舗までは、社長が各店舗を回ることで、どうにか全体を見ることができます。しかし、社長が見られなくなると、業績を徐々に落とす店舗が現れます。そして、社長がその店舗にテコ入れして立て直すと、他の店舗が落ちているという状態になります。その規模が、4店舗というわけです。

各部門、各拠点では、閉塞感と全体にチグハグ感が現れ、「各拠点は作業をこなすだけで、試行錯誤していない」、「売上減少や経費増大に対する危機感が欠如している」、「自分たちの権利主張が強くなる」、「新たな取組みに対して消極的」、「本部―管理層―拠点が連動していない」のような症状が出てきます。

日々同じ業務をこなす、本部からの通達を守るだけの状態では、必ず組織に閉塞感が生まれます。そして、各拠点は、問題が起きればそれを本部に打ち上げる、それを本部が受け取り、対策案を考え指示を出す、という「異常事態」が組織内でまかり通ることになります。

社長や幹部層の目が届かない部分が当然出てきます。それどころか、ほとんど見えなくなります。

自分たちの仕事に対し面白味もなくなり、毎日の作業をこなすことに慣れ切ってしまうのです。

現場は、問題に対し鈍感になり、顧客に対してのサービスにも悪い影響を出し始めます。

末期の状態になると、「社員同士でお客様を悪く言う」、「会社の通達を無視する」、「クレームにその場限りの対処（クレームを隠す）」「整理整頓がされない（トイレが汚い）」という症状が出ます。

このときには、「やっぱりまずいよね…」と自浄作用も機能しなくなっています。

そして、さらに、規律は乱れ、サービスの質は下がり、売上も下がり始めます。その売上不振の原因を管理者に訊くと、決まって「○○業界の景気が悪い」、「世界情勢が…」や「天候が悪かった」という理由が返ってきます。

社長が気づいたときには、客先やその業界や地域で、悪い評判が拡がっています。

そして、これらのような症状が出たときに、よく取られる対策が「教育」です。そのテーマは、モラル教育、人格教育、掃除の徹底、やる気、自立性となります。

しかし、それにより一時は改善されたとしても、すぐに元に戻ることになります。人は、何かに向けて頑張っているときに一番安定し、生活に張りを持つことができます。また、自分が頑張るところに、充実感や楽しさを得ることができます。現状維持の状態は、肉体的にも精神的にも楽（らく）ですが、「慣れ」や「ゆるみ」を生むことになります。

根本的に、組織も人も同じなのです。より高みを目指すという努力の中でこそ、組織も人も、緊張感や新鮮さを持ったよい状態が保てるのです。

各拠点各部門が、継続的に切磋琢磨するという仕組みをつくれるかどうか、これが維持するための条件なのです。そして、これこそが、その先も大きく展開できるかどうかの分かれ道となります。

大変見えにくいのですが、大きく展開しているビジネスでは、この仕組みがあります。それが組織全体の風土となり、その後も大きな飛躍を続けることができます。

社員１人当たりの稼ぎは大企業１，２００万円と中小企業６００万円

ここで、大企業と中小企業の労働生産性がどれぐらい違うのか確認します。

労働生産性とは、次の式で求められます。

総売上－（原材料費＋外注費）＝総付加価値

総付加価値÷人数＝労働生産性（社員１人当たりの粗利高）

労働生産性、すなわち社員１人当たりの１年間の粗利高が大きいほど、効率よく稼いでいるといえます。限られた書面は惜しいのですが、ほとんどの方が見たことがないと思いますので、中小企業白書（２０１５年版）の元資料から全業種とその数字を載せます。

（この算出の社員には、役員から短時間労働者など雇用者すべてが含まれています。業種の内訳は、総務省　日本標準産業分類で確認ができます）

業　種	大企業	中小企業
製造業	１，２２８万円	５０８万円

建設業	1，218万円	507万円
運輸業、郵便業	1，167万円	507万円
不動産業、物品賃貸業	1，741万円	904万円
情報通信業	1，294万円	580万円
学術研究、専門・技術サービス業	760万円	510万円
卸売業、小売業	709万円	459万円
教育、学習支援業	730万円	401万円
生活関連サービス業、娯楽業	657万円	386万円
サービス業（他に分類されないもの）	567万円	374万円
医療、福祉	442万円	319万円
宿泊業、飲食サービス業	443万円	293万円

製造業、建設業では、大企業は約1，200万円に対し、中小企業は約500万円と、その比率は約40％。卸売業、小売業では、大企業709万円に対し、中小企業は459万円と、その比率は約65％となっています。

1日、1時間に換算をして比較してみます。

仮に　大企業1，200万円、中小企業600万円、1年240日、1日8時間勤務とします。

そのとき、「社員が1日動くと、大企業は5万円、中小企業は2・5万円」、「社員が1時間動くと、大企業は6，250円、中小企業3，125円」となります。

この社員1人当たりの生産性（年間の粗利高）から、支払える給与が算出できます。

労働分配率（%）＝人件費÷総付加価値

（この人件費には、給与以外に賞与、社会保険、雇用保険、退職金積立も含みます）

この指標が低いほど、効率よく稼げているといえます。逆に、高いと効率が悪いといえます。ただし、この指標は、一概に高いからよい、低いからよいというものではなく、自社が永続的にお客様を満足させ、儲けるための適正基準を測るために使用します。

一般的な数値として、この労働分配率が、40%で優良、50%で普通、60%は高過ぎるといえます。

ここでは、支払う給与を算出するために、労働分配率を50%と仮定します。

大企業は、1，200万円に対し、人件費に600万円を使えることになります。それに対し、中小企業は、600万円に対し、300万円となります。月に25万円支払うと、12か月で300万円となります、感覚的に納得ができる数字です。

これだけの差があるのです。これでは、中小企業が、社員に対し給与をたくさん払えるはずがありません。いくら素晴らしい社員ばかりで、「払ってやりたい」と思っても、払ってやれないのです。

社員の給与を上げるためには、1人当たりの生産性を上げるしかありません。

製造業・建設業で見た場合、大企業並みの生産性を上げるということは、16・6名で1億円の付加価値高を稼いでいるところを、半分の8・3人で上げることを意味します。

われわれは、ここを目指すことになります。われわれ中小企業も、これだけの生産性を上げる事業に変革する必要があります。

社員のやる気を出すために給与をアップしていいですか？

スタッフが、１回１日動いたときに稼ぐ金額を、倍増する必要があるのです。これは、業務改善やコストカットでどうこうできるレベルの話ではありません。ましてや、社員教育ではありません。現在の事業モデルの延長線上に生産性１，２００万円はないのです。根本的に事業構造が違うのです。年商数億円の経営の延長に年商10億円はないと考える必要があります。

社員教育により、社員がやる気を出し、業務に真剣に取り組み、人格が向上する、これは素晴らしいことです。その結果、少し生産性が上がるかもしれません。

でも、その投資に対して、生産性を倍増するだけの効果は、残念ながら出ることはありません。

社員教育により人材が育ち、事業戦略を考え行動することで、それだけの業績を上げてくれる、そんな夢のような時間は待てないのです。また、そんな人材がいれば、自分で事業をやっています。

「会社の業績が悪いから、１人当たりの生産性が悪いから、社員教育をする」、「社員が伸びれば、業績はよくなる」―こういう動機の教育であれば、それはただの社員への責任転嫁になります。

社員教育のすべてを否定するつもりは、全くありません。社員教育の種類については、いくつかあり、ここでいう社員教育とは、人格ややる気に関するものと限定をさせていただきます。社員教育は、あくまでも、仕組みがあって初めてその効果を発揮します。仕組みのない状態であれば、優先すべきは仕組みづくりになります。

残念なことに、多くの年商数億円規模の会社が、事業戦略や仕組みづくりよりも、社員教育に力を割くことで、大きな時間とコストを消費しています。

顧客を満足させ、儲けるために、社長と社員が協力し、その仕組みを改良し続けるのです。そして、それを追求する日々こそが、社員を成長させます。

そして、その効果が出始めるのを確認して、初めて社員の給与を上げることができます。

「国の施策に応じ、給与を上げていいですか？」という相談を受けたことがあります。そして、その社長は、顧問社労士に相談したところ、「やる気が出て稼ぎがよくなればそれでよい」と賛同を受けたと言うのです。答えは、当然、ＮＯです。事業構造が変革できていなければ、給与を上げても大きな効果は期待できません。たとえ社員のやる気が一時上がっても、根本的な事業構造が変わっていなければ、元に戻ることになります。それは自滅行為です。

年商10億円ビジネスへの三大変革

本当に効果があり、生産性を上げるものに取り組むこと―それが10億円事業への変革です。それもただの年商10億円ではありません。しっかり儲かる年商10億円への変革なのです。

「開発段階」でしっかり儲かる年商10億円の条件を満たしておくことが理想です。その段階で満たしているからこそ、その過程で起きる問題により、さらに改良を続けることができます。社員と共に、仕組みや組織づくりを積み上げることができるのです。

年商7、8億円の企業でも、その条件を知り、自社に欠けているものを満たすことで、変革が可能です。この規模では、ほんの少し何かが不足していたり、それぞれの連動が悪かったりで、成長を停滞させていることが多くあります。的を射た改革により、再び前進を始めることができます。

次が、年商10億円ビジネスへの変革、すなわち年商10億円ビジネスの条件となります。「多くの中小企業が、この条件を満たせないために、年商数億円で停滞している」といえます。

変革１　年商10億円を売る事業モデル

年商10億円の規模まで育つ可能性のある事業モデルにつくり変える必要があります。

第２章でその事業モデル変革の視点を説明します。

変革２　年商10億円をこなす分業

専門部門をつくり、分業することにより、高い専門性と業務の効率を飛躍的に高められます。

第３章でその分業の構築ポイントを説明します。

変革３　年商10億円、20億円に育つ成長組織

ビジョンや目標に向け、各部門が目標達成のために考え、スピードを持って実行する組織、また、会社が得た貴重なナレッジを確実に蓄積し、展開するというサイクルを回します。

第4章では、その成長組織のサイクル構築について説明します。

売る事業モデルの変革により、社員が1回1日動いたときの稼ぎを大幅に上げることができます。また、分業の仕組みが回り、業務効率は格段に上がり、さらに生産性を高めることができます。組織を機能させることで、年商10億円、20億円、30億円とその後も成長を続けることができます。

まとめ

・「儲かる事業」と「稼ぐ組織」をつくる。プラス、社長が不在のときも、「成長し続ける」組織をつくる必要がある。

・開発段階では、「仕組みで回り、しっかり儲かる1億円」をつくっているという認識を持ち、一時でも早いビジネスモデルの完成を目指す。問題が起きたときは、仕組みを見直すチャンス。

・完成した「金型」で展開することにより、大きく儲ける。そのときに組織が必要になる。

・各拠点各部門が継続的に切磋琢磨できる仕組みをつくる。できないと組織病が出る。

・社員1人当たりの生産性は、大企業1，２００万円、中小企業は６００万円。業務改善、コスト削減や教育ではどうにもならない。スタッフが、１回１日動いたときの稼ぐ金額を倍にする。

・年商数億円の経営の延長に年商10億円はない。

・「年商10億円を売る事業モデル」「年商10億円をこなす分業」「年商10億円、20億円に育つ成長組織」への変革が必要。この条件を満たしたとき、年商10億円を目指し、前進を始める。

第2章

10億円事業へのビジネスモデル、ココが変革の分岐点

1　「年商10億円」かつ「高業績」事業が持つ絶対条件

年商10億円の条件が先

「年商数億円の経営の延長に、年商10億円はない」、この言葉には、もう1つ大変重要な意味を含んでいます。

それは、年商10億円の条件が先ということです。

年商10億円の条件を先に満たしていくから、年商10億円に近づいていくことができるのです。逆説的に言えば、年商数億円の事業は、年商数億円の条件を今現在満たしているから、年商数億円の規模で安定しているのです。

そのため、年商10億円を目指すのであれば、年商10億円に必要な条件を知り、自社に足りないモノを分析し、それを目標として計画を進めることになります。

例えて言えば、マラソンをする人が、目標タイムを持ち、それに向けてトレーニングをするのと同じです。

今の自分のフルマラソンのタイムが4時間であり、3時間半を目指すのであれば、そのために何が必要で、自分に何が欠けているのかを考え、それを満たすためにトレーニングを積み上げます。

そして、3時間半を達成し、次は3時間を目標とするなら、再び3時間を満たす条件を得るために、行動をすることになります。

システム開発業・創業３年で８億２，０００万円、その社長の視点

システム開発業のM社は、創業1年目に年商1億3，000万円、2年目3億7，000万円、3年目8億2，000万円というスピードで成長をしています。

M社長の年齢は、当時30代前半。当社の事務所に電話をいただき、相談に来られたときには、まだ創業1か月でした。

そのときのM社長の言葉を覚えています。「最速で年商10億円まで行きたいので、年商10億円の条件を教えてください」と。この言葉をお聞きして、「ずいぶんわかった方だなあ」という感想を持ちました。

コンサルティングでは、年商10億円事業を構築するためのノウハウを体系化したコンサルティングブックを使用します。毎回、構築すべき要素とその考え方を説明させていただいた上で、課題を出させていただきます。

M社長は、その構築のために、持てる時間のほとんどを使用しました。まだ事業が本格的に稼働しておらず、時間が取れたこともあり、わずか8か月ほどでその条件を満たすことができました。

その結果、それだけのスピードを持って成長することができました。

それができたのも、M社長には、年商10億円に行くという強い意思があったからこそです。年商数億円という規模は、考えていません。

また、スタートから「自分抜き」の事業モデルをつくります。

自分がその分野に詳しいとしても、その力を経営や構築に向けるだけで、自分が現場で仕組みの一部になることは、最初から考えません。

M社長は、「システムの分野では、彼ら（社員）にはかないません。彼らが活躍できるように、仕組みをつくるのが僕の役目ですから」と、よく口にされます。

創業後数年で年商10億円を達成する社長や上場まで果たす社長は、大きくなる可能性のある事業モデルをまずは考えます。そして、それを最速で構築するために行動します。

2 事業モデルを変革させるポイント

宣伝広告で成果を出している会社の共通点とは

この第2章では、年商数億円の事業を年商10億円に育つ「事業モデルに変革するためのポイント」をご説明します。

年商数億円で成長を停滞させる場合、その原因の多くは、この事業モデルが、年商数億円が適正であり、年商10億円になるようにできていないことがほとんどです。

この事業モデルの変革こそが、10億円事業への変革で最も重要であり、最も難しいものとなります。

まず、ここでは、事業として「儲かる」ための根本的な条件を先に２つ確認をします。その後に、この条件を前提として、年商10億円の事業モデルの３つの条件をご説明します。

儲かる事業の条件その１　強い事業＝「よい商品（サービス）」と「よい顧客」

儲かる事業には、「よい商品」と「よい顧客」の２つが絶対に必要となります。

「よい商品」とは、特色があり、同業他社よりも優れている商品（サービス）を指します。

必ずしも、圧倒的な技術や特徴が必要なわけではありませんが、見込客に案内したときに、少なくとも「え、何それ？」と気を引く魅力が必要になります。

基本的に、われわれは、何の特色もなく、ありふれたモノと判別すると、それ以上興味を持つことはありません。

興味を引き、その商品のよさやその根拠に納得してもらうとともに、他社の商品と比較した後に、最終的に選ばれる必要がありまず。

取引開始後も、その顧客には、競合他社からいろいろな誘惑が来ます。それを跳ね除けるだけの顧客満足を提供し続ける必要があります。

そして、もう1つの「よい顧客」とは、「その商品を、高くても喜んで買う顧客」です。どんなサービスでも、それを必要とする人と、必要としない人がいます。

現在、自社が提供している顧客（業界、属性）では当たり前でも、それを必要としている他の顧客は必ずあります。

それを見つけ出し、その顧客に合った提供の仕方をすれば、強い商売にすることができます。そして、適正な価格で支払いを受け、感謝までしてくれます。

根本的に、弱い事業は、何をやっても厳しいのです。

弱い儲からない事業とは、この儲かる事業の条件の逆の組合わせとなります。「何の特色もない商品」を「満たされた人」に売ることです。この商売が、厳しいものになることは、容易に想像がつきます。値段を叩かれ、かなり軽い扱いを受けることになります。

どんな販売手法を使ったとしても、この「よい商品」と「よい顧客」の組合わせによる事業の強さが必要になります。「営業担当による案内」、「フェアへの出展」、「ダイレクトメール」、「ホームページのトップ画像」すべてに必要になります。

瞬時に、何か相手の興味を引くものがないと、それ以上こちらの話を聞いてくれることはありません。

たとえ奇抜なキャッチコピーや斬新なデザインで気を引くことに成功したとしても、その後に「何が特徴なの？」と、より情報を求められると、弱さを露呈することになります。

よく営業は、確率の問題といわれますが、「よい商品」と「よい顧客」が合わさったときに、それは初めて確率の問題になります。

この組合わせのときには、その自社からの販促アプローチは、その見込客に、「よい提案をしてくれた」と喜んで受け止めてもらえます。

「何の特色もない商品」で「満たされた相手」の状態では、確率でもなんでもないのです。

広告作成業者が、精一杯に素晴らしいデザインをつくってくれたとしても、見栄えがいいだけでは、一瞬目を止めることはできても、成約までは進みません。

宣伝広告により成果を出している会社は、すべて強い商売をしています。自社の特色ある商品の案内を、見込客という「その商品を使えば、喜ぶだろう相手」にぶつけるからこそ、宣伝広告も効果を発揮するのです。

大手企業は、「有名なタレントを使い、その商品のよし悪しは関係ないところで、興味を引き、その商品までもがよいというイメージをつくりあげる」というような方法をとります。これは、資本があり、「大手企業」という信頼もあるからこそできることです。

どんな「よい商品」を、どこの「よい顧客」に売るか、これを事業戦略といいます。

この事業戦略の立案とその決断が、会社の業績に最も大きな影響を与えます。そのため、社長の役割の中で、最も重要な仕事となります。これが見つからないうちは、３６５日、24時間これを考え続けることになります。

儲かる事業の条件その2　自社で売る力を持つ、自社で売ること

儲かる事業の条件その1の「よい商品」と「よい顧客」、この組合わせを満たすためには、自社で売ることが必要になります。

「よい商品」とは、その「よい顧客」にとっては、まだ「希少な」状態といえます。

今、自社と取引している「悪い顧客」にとっては、それは、ありふれた「悪い商品」かもしれません。しかし、まだ、その商品を知らない顧客に案内すれば、希少な「よい商品」になる可能性はあります。その出会いがあって初めて、その顧客を「よい顧客」にすることができます。

この自社が理想とする「よい顧客」に対し、アプローチすることが必要になります。自社でアプローチする力があるからこそ、その「よい顧客」を選ぶことができるのです。

その「よい顧客」にとっては、その商品が持っている特色が、比較するものより優れているからこそ「よい商品」なのです。それ故に、まだ多くの同じような欲求や課題を持つ「よい顧客」は、その存在に気づいていません。知らないから、既存の商品を使い続けているのです。

知らないから、その「よい商品」をネットで検索することもできません。検索キーワードも思いつかなければ、そういう検索をしようと思うこともありません。自社の「よい商品」を能動的に見つけてくれることはないのです。

また、毎日多くのサービスが誕生し、変化し、なくなっています。そして、宣伝広告物や記事などの情報が溢れています。このような環境に、買い手側は完全に待ちの姿勢になっています。

法人でも、個人でも、その顧客を取り巻く環境には、売込みの情報が溢れています。その環境で気づいてもらい、興味を持ってもらう必要があるのです。

自社の「よい商品」を「よい顧客」に気づいてもらう宣伝広告、そして、その興味を行動に移してもらうための集客、そして、その後のヒアリングや提案による商談から成約という一連の売る力が必要になります。

われわれは、自分たちのビジネスを、「珍しいサービス」を「一部のマニア」を選んで売る、というぐらいに考える必要があります。それができるからこそ、高い粗利率を得ることができるのです。

自社で売る力がつくと、「どれぐらいの宣伝をすれば、どれぐらいの集客ができるのか」、そして、「そのうちどれぐらいが成約できるのか」が、ある程度予測できるようになります。

これが、どこかの企業の下請けのような事業では、その相手次第で売上が変化することになります。その取引先が好調であれば自社の売上も増える、その取引先が不調であれば当社の売上も減るという状態になります。

このような売上は、たまたまであり、「偶然の売上」ということになります。

高度成長時代には、取引先の拡大についていけば、自社も売上を伸ばすことができました。しかし、今のような時代では、その取引先も厳しい環境にあるため、出す仕事量に変動が激しく、価格も厳しいものにならざるを得ません。

このような他社主導の事業をやっている会社では、売上計画を作成する際に、「仕事が来るかどうかわからないから、来期の売上計画を立てることができない」ということになります。

これは、自社で売ることに取り組んでいる会社からすると、驚くべきことなのですが、その会社からすると大真面目なのです。

計画どおりの営業活動を行うものの、見込みよりその成果が下回った場合には、イベント回数を増やすことや広告を見直すなど、次の対策を立てることが可能になります。また、営業活動の成果が予測より大きく出れば、活動量を増やすことにより、さらに大きく儲けることができます。

自社に売る力があり、自社で売るからこそ、初めて「自社の成長に計画を持つこと」ができるのです。そして、その実現のために、絶えず変化対応させることができるのです。これを「自社を変革する権利」と表現すると、わかりやすいかもしれません。「新しい商品の市場調査をする」、「他の業界に売込みをかける」―これは、自社に売る力があるからこそできるのです。

自社で売らないということは、自社の成長も変革の権利も放棄した状態といえます。

自社は、この「強い事業戦略」と「売る力」を持つことで、初めて儲けることも、年商10億円を狙うことも可能になります。

自社の優位性のつくり方

「御社の優位性は」という質問を投げかけると、「ただの○○屋です。何の特色もありません」という返事が、多くの経営者から返ってきます。そこで、自社の優位性のつくり方について、ご説明することにします。

建設関連業Ｔ社長に、この自社で売ることの重要性を説明させていただくと、「言われていることは、嫌というほどわかります」との感想が返ってきました。

その当時は、ある地場ゼネコン１社の売上が全体の８割以上を占めていました。そのため、ほぼその会社の専属下請業者のような扱いを受けていたのです。そして、そこからくる主な工事は、１件当たりの金額が数十万円から数百万円と小さいものでした。

仕事の難易度は低いものの、材料と人工代にその多くが消えていく状態です。「創業当初から優先的に仕事を振っていただいた恩義があります」と義理堅い社長です。

当時から、言われるままの価格で請けてきましたが、最近その提示される価格も厳しいものになってきました。最近の業績を確認すると、年商は伸びているものの、利益はほとんど増えていません。それに追い打ちをかけるように、材料の手配ミスや施工不良のやり直しも多く、収益を悪化させていました。

「１つの現場のミスで、複数の現場の利益が吹っ飛んでいます。何のためにこれだけの仕事量をこなしているのか、わからなくなります」と社長はため息を漏らしています。

このままでも、「年商10億円」にすることは十分できるでしょう。しかし、それこそ「混乱した」、「儲からない」年商10億円が出来上がることになります。

この事業を年商10億円、それも、しっかり儲かる年商10億円に変革するために、本格的に検討をスタートしました。

そこで、自社の「よい商品」とは何か、「よい顧客」は誰か、という最初の検討に入りました。

T社長からは、次の言葉が出てきました。「矢田先生、先日お話したとおり、当社はただの建設工事屋です。何の特色もなければ、優位性など全くありません」。

そこで、私は、社長に次のように答えさせていただきました。「事業の特色や優位性というものは、つくり出すものです」。

よく経営分析では、自社の事業の強みや弱みという検討がされます。この分析は、自社の優位性や弱い点を棚卸するには、大変有効な考え方です。

しかし、これには条件があります。それは、この強みや弱みというものは、あくまでも「今の顧客を対象としている」ということです。その顧客に歓迎される要素が自社の強みであり、歓迎されない要素が弱みという評価になります。

しかし、年商10億円への変革をするためには、1度ニュートラル（中立）な状態で考える必要があります。「強み」、「弱み」ではなく、まずは自社の「資源」として、客観的に見ることが必要です。

そして、その次に考えることは、事業機会です。「顧客が何を求めているのか」、「何で困っているのか」、「他にどんな業界に顧客がいるのか」－ここでもニュートラルな視点で考えます。

また、そこにどんな競合がいるかも確認します。その競合や自社より先に進んでいる他社を見ることで、その事業の改良点や戦いどころがわかってきます。

もし、競合がいないのであれば、その理由を確認することが重要です。そのビジネスチャンスに気づいていないだけなのか、それともそれがビジネスとして成り立たないのか、その理由を探ることになります。

そこに必ず事業機会が発見できます。最初から自社のできることや強みを考えると、戦略の幅を限定することになり、改革というレベルのアイデアが出せなくなります。

顧客の欲求から考えるという視点が大事

いくら自社にいいモノがあったとしても、それを顧客が欲しがらなければ意味はありません。「顧客が欲しがるもの」が先、「顧客が欲しがるもの」を創造、発見するのが先なのです。

それから、その新たな顧客に対し提供する価値を明確にし、再度自社の資源を照らし合わせることになります。そのときに、自社にその資源があるようならラッキーぐらいに考えるのが正解です。

そして、なければ、自社で研究開発をするか、他から調達することを考えます。

例えば、飲食店をオープンするときにも、この考え方が重要になります。「この立地では、何が儲かるか」から考えることがまずスタートとなります。ビジネス街なのかロードサイドなのか、その地域の世帯やビジネス人口、そして、競合の状態から、どんな店（コンセプト、メニュー、価格）ならウケルかを考えるのです。

もともと蕎麦屋だから、その業態を固定し、その業態が成り立つ立地を探す考え方もあります。どちらの考え方も間違いではありません。しかし、顧客の変わりゆく欲求に応じ変化させていくという事業原則に対し、その「蕎麦屋」に固定するという思考こそが、危険性を持つことを理解しておく必要があります。

あくまでも「顧客の欲求」から考えるという視点は、絶対に忘れてはいけません。「蕎麦屋」というモノではなく、「ビジネス街の手軽な食事」という価値観を軸に事業を考える必要があります。

3　年商10億円売る事業モデル　3つの大変革

第1の変革視点　客単価！　手間に見合ったものが取れているか

「よい商品」と「よい顧客」を選ぶ際に、最も優先する評価軸があります。今からご説明する1つ目こそが、年商10億円ビジネスにもっとも重要な条件となります。

この条件が満たされないのであれば、他の何をやっても儲かる年商10億円に近づくことはありません。そういう意味では、これを先に決めてから、それを満たすための商品やターゲットとする顧客を決めると言っても過言ではありません。

第1章の労働生産性のデータのとおり、大企業に比べ、中小企業では、社員が1度動いたときの単価が半分と小さいのです。

現在のこの低い労働生産性を、飛躍的に高める施策が、客単価（粗利高）を大きくすることです。当然、自社の体力を考え、その規模を決める必要がありますが、この「大きい単価」という考えを持ち、その方法を考えることが最も成長スピードを速める手となります。

この客単価とは、１社または１人と取引を開始し、その取引が終わるまでにいくら付加価値高を得られるかという生涯客単価（総粗利高）を指します。

この付加価値の取り方は、事業特性により変わってきます。ハウスメーカーのような業態では、家を何回も購入する人はいませんので、１回販売し、１回大きく儲ける形で単価を得ます。

食品メーカーは、商品１つは安価でも、多品種のものを大量に小売店に流通させ、長い期間繰り返し販売することにより、単価を得ます。

機械設備業では、機械の販売と継続的なメンテナンスで単価を得ます。そして、そのメンテナンスにより他の機械や次の入替え時の販売も狙います。

１件の顧客から得る生涯単価が、その集客のコストと社員が動いた手間に見合っていることが重要になります。中小企業の生産性を見ると、この儲けが見合っていないといえます。

特に、お客様の要望を聴き、それに対応し提供する型の事業では、この傾向が強くなります。

お客様からその要望や課題を確認し、一からデザインし提案するホームページ製作が当てはまります。その製作の過程では、コンサルタントのようにマーケティングの相談にも応えます。そして、お客様からの文章などの素材の提出が遅れ、追加のアイデアが後から寄せられます。これで、30万円では、個人事業であれば合うのですが、社員を雇っている法人では見合いません。そして、ひどいときには、その案件が、途中でペンディング（保留）になることもあります。

社員1人当たり、最低でも毎月粗利高で60万円が必要です。社長と営業と製作2名の計4名の会社では、月240万円の売上（粗利高）が必要となります。単価30万円のホームページ製作と考えた場合、月に8件もの案件を集客し、受注納品しなければいけません。

これをホームページ製作1件当たり、単価を60万円にできれば月4件で済みます。そのときには、「集客ができる」や「○○業に強い」という成果を「価値」として訴えることになります。

または、WEB上でその集客から成約、納品のすべてが終わるホームページ製作を提供することを考えます。そのホームページの更新は、顧客が自分で行います。

導入時の金額は5万円、毎月使用料5，000円と価格を安くし、全国のより多くの顧客に売ることを狙います。このモデルなら、契約件数が増えても、手間が大きく増えるわけではありません。

リフォーム業やエクステリア業でも、そのデザイン作成や顧客との打合わせに手間が掛かります。そして、材料費と職人の人工代に経費がかかります。1件100万円の工事を終えて、25万円も残らないこともあります。これでは、集客に使ったチラシ代やその手間に見合いません。

この単価でどれだけの仕事をこなさなければいけないかを出してみます。

本体の社員5名、労働分配率50％、1人の人件費が月に30万円だと想定すると、会社として月に

３００万円の粗利高が必要になります。これは件数でいえば、月12件分になります。これだけこなして、社員１人の生産性はやっと７２０万円になります。

これだけの件数を、集客し成約するのも、施工するのも、難しいものがあります。

サービス型事業は、そもそも儲かりにくい

前述したホームページ製作、エクステリア、リフォーム以外にも、専門設備、工事業、１品加工、接客型の店舗ビジネスでは、そのままやっていては手間の割に単価が小さく、大きく儲かりにくい事業だといえます。これこそ、人工代（１日いくら）という発想に顧客も自社もなりがちです。その手間に見合った単価への変革が必要になります。

くれぐれもこのときの「手間に見合った単価」とは、年商10億円の単価であることを忘れないでください。

世の大企業や成長企業を見ると、どこも大きな単価のものを扱っています。

大手ハウスメーカーは、家を売るのには大変熱心ですが、庭には全く興味を示さないところがほとんどです。それは、単価の稼げないところで、手間を取られたり、家本体の契約や建築の流れの妨げになったりするのを避けるためです。

そのため、庭は、他社を紹介する会社や、家だけ建てて「ゆっくり庭造り楽しんでくださいね」と言って立ち去る会社も多くあります。他社を紹介する際にも、自社を通すことはしません。小さな紹介料のために、わずらわしさが増えるのを嫌がります。

また､リフォームの大手企業では､丸ごと1棟のリフォームを商品としています。その単価は､「新築並」のものになります。

ある大手ハウスメーカーの役員の方にお聞きすると､「500万円以下のリフォームは､行くな」という営業方針を出されているそうです。この金額では､見合わないということです。

飲食店や学習塾などの店舗型ビジネスでは､1人1回いくらという客単価や､その顧客がどれぐらいのリピート客になってくれるか､という客単価が一般的です。これも､年商10億円の事業を考えるときには､「1店舗当たり」で考えることが必要となります。

1店舗当たりの上がり（店舗の運営費を抜いた利益）が1,000万円であれば､4店舗で4,000万円となります。

これだけあって､小規模な本部機能が持てます。この店舗パッケージは､ほぼ出来上がっているので､今後店舗を増やすことで､本部の生産性を上げることができます。

店舗型ビジネスは､その特性から見ると､スピードを持って大きく展開するには､最高の業態であるといえます。

これら客単価が見合っていないと､忙しい割に儲からない､という状況になります。

そして､売上が増えれば増えるほど､それに応じて自社が抱える人も資材も大きくなり､リスクは大きくなるばかりです。

特にサービス型事業の場合、製造業のように毎日コツコツ製造することも、それを在庫として積み上げることもできません。

そのため、顧客や案件の量が増えたときには、「人」を増やす必要があります。そのとき、その単価と手間（人件費）が見合っていればいいのですが、見合っていないと、その山を越えた後に、儲けの少なさに肩を落とすことになります。

そして、多くの顧客が一時に来ても、「1人の顧客に1人の担当者が必要」、「座席数や打合わせブースに定数がある」ために、対応できるキャパシティーはすぐに一杯になります。

スタッフは、サービス型事業だけに、育成に時間がかかるため、今日、明日に増やすこともできません。

そして、顧客や案件が減少すると、その「人」や「場所」は、その間、何も生産をしません。その固定費は、たちまち繁忙期に稼いだ分を削ることになります。

また、顧客の需要には波があります。飲食店、住宅、公共工事、設備でさえも、「顧客が押し寄せる」ときと「全くいない」ときがあります。

「手間に見合った単価」とは、その「全くいない」ときを計算に入れたものとなります。

サービス型事業とは、客が押し寄せたときにも大儲けはできず、客がいないと損を垂れ流す、大変儲け難い事業といえます。

この対策こそが、サービス型事業の大きな展開、そして会社の発展のカギだといえます。

大きい案件ほど「技術力」はいらなくなる

くどいようですが、再度確認をさせていただくと、この年商10億円事業の条件は、「先」に揃えておくものなのです。自然にそうなることはありません。

年商10億円であれば、どれぐらいの手間で、どれぐらいの単価が必要か、それを決めてから事業を構築していくという考え方になります。

当社に相談に来られた方やお手伝いをさせていただく際に、必ず確認をさせていただくのが、この客単価です。コンサルティングでも、その事業モデルとして狙うべき客単価を決定してから、事業の構築に入ります。

T社でも、まずは、この狙う客単価を決定することを提案させていただきました。

これには社長も最初驚かれましたが、説明をさせていただくと、すぐにその意図を理解され、次の言葉が返ってきました。「大手ゼネコンです」。私にも、実は「大手ゼネコン」狙いという考えがありました。その動機を社長と共有させていただきました。

現在の工事単価は、数十万円から数百万円がほとんどです。社員が顧客である地場ゼネコンの事務所を訪問し、図面等の書類をもらい、打合わせを行います。そして、積算と施工計画を作成し、再度訪問をします。契約書をかわし、資材や重機、そして外注の手配をし、多くの書類を出し、現場で施工を行います。

ほぼその地場ゼネコンの専属ということで、その「案件の多くは取れること」と、「営業活動も営業担当も必要ないこと」はメリットです。

しかし、この一連の流れをやっても、その売上の多くは材料費や作業員の人工費になり、会社の管理費としての残りは、多くても15％ほどでした。これらを総じて考えれば、今の工事は、「手間の割に儲からない（粗利高が残らない）」のです。

年間８億円の工事をやっていても、実はほとんど残っていないのです。Ｔ社長は、このまま売上が増えていくことに強い危機感を持っていました。「工事を行うためには、先に材料を仕入れる必要があります。そして、工事完了後の支払いがされるのは、２か月後です。これでは、まるで顧客企業のリスクをうちが持っているような状況です」。

年商８億円をやるためには、工事単価８００万円で年間１００件の工事をこなす必要があります。工事単価を４，０００万円にすれば、20件の工事でよいことになります。そして、もう10件多く取れれば、年商12億円です。全く成長スピードが違います。

大きい工事でも、ボリュームが大きくなるだけで、打合わせや施工計画や積算、書類作成、施工という基本的な業務とその流れは変わりません。

また、大きい工事をやることには、多くのメリットがあります。

工期も長いために、準備期間や工事中もいろいろ改善ができます。そして、その１つの改善が、大きな利益をもたらします。工事原価を１％下げることができれば、８００万円では８万円ですが、４，０００万円であれば40万円の効果となりますこれが小さな工事では、改善による利益向上や工期短縮などの効果も限定的で、不効率だとわかっていても、そのまま力技で終わらせてしまいます。

また、大きい工事なら、複数の社員を担当につけることができます。ベテラン技術者と新人を組ませることで、業務の分担が可能となります。ベテラン技術者はより高度な業務に専念できるようになります。また、その新人は、先輩について仕事を覚えることができます。会社として、育成の場と期間をつくり出すことができます。

それに対し、小さい工事では、その場そのときで、即判断し、対応することが求められます。図面の間違いがあれば、すぐに施主に確認を取ることや、材料を再手配することが必要になります。そのため、技術者に高い能力と経験が必要になります。かつ、1人の技術者が複数の現場を掛け持ちで管理することが必要になります。これは、新人には無理なことなのです。

大手ゼネコンと取引ができるような会社になるには

しかし、T社長には、一緒に課題も見えていました。「当社は、大手ゼネコンと取引ができるような会社でありません」。

建設工事というものは、その社会的な影響が大きいために、品質基準も安全基準も大変厳しいものが求められます。

そして、その工事規模に比例して、よりしっかりした管理を求められることになります。

大手ゼネコンの現場では、提出書類の不備は許されません、何もかもが期限厳守。そして、朝礼も全員整列し、ラジオ体操もキビキビやる必要があります。現場の資材置き場や休憩所の整理整頓の徹底を求められます。当然、施工や品質の基準も高いものがあります。

それが、現状の自社を見ると、書類のデキもいい加減、提出の期日に間に合わないことも日常です。作業員の服装は乱れ、朝礼のラジオ体操はダラダラです。社員でさえも、まともに挨拶ができていません。安全に配慮した現場作業や品質管理もできていません。

今までの顧客は、地場のゼネコンで、工事規模も小さく、何もかもがいい加減で許されてきました。今の状態で大手ゼネコンの現場に行けば、一発で出入り禁止をもらうことになります。

そこで、私は、次の質問をさせていただきました。

「社長、大手ゼネコンが業者に求めるものは何ですか?」。

社長は「品質、納期です」と口に出した後に、少し考え、「いや、しっかりした会社であることです」と答えられました。

これこそが、T社が大手ゼネコンに提供する商品であり、価値となりました。

大手ゼネコンとその社員は、その社会的に与える影響の大きさから、彼ら自身も大変な責任を持っています。1か所の工事の遅れでも、全体の完成が遅れることになります。また、事故を起こせば、数日間工事を止めることになります。そのため、「リスクの大きい業者」や「手間のかかる業者」を嫌います。

そんな彼らが求める業者は、しっかりした会社なのです。

ここで、社長には、大手ゼネコンに求められる企業として、最低限どうあるべきかをまとめていただきました。「品質、納期を守る」、「安全や契約に関する書類はミスなく期日までに提出する」、「服装やマナーがしっかりしている」、「現場では、しっかり挨拶、キビキビ動く」、「資材置き場は整理整頓、休憩所はきれいに」。

そして、さらに、大手ゼネコンに喜ばれる会社であるためにどうあるべきかを、まとめていただきました。「見積りの提出が早い」、「工法や作業手順などの改善提案をする」、「現場での急な変更にも柔軟に対応できる。その際には嫌な顔をしない」、「マメに進捗を報告する」。

これらを提供することが、大手ゼネコンに喜ばれることです。積算をすることや現場で施工することだけが商品ではありません。これを提供する過程にこそ、お客様は安心と信頼を持っていただけるのです。この過程にこそ、「商品」が存在するのです。

T社長は、この作業を終えて感想を言われました。「われわれは、サービス業ですね」と。

第2の変革視点　価値変換！　高い粗利率を達成するビジネスの共通点

基本的に、モノを売っている限り、絶対に儲かりません。

世界中でモノが売れているのは、発展途中にある国だけです。大手企業は、そんなモノの行き渡っていない国に行き、日本国内や他国で成功したモノを大資本により投入していきます。他社に先駆けて、安く大量に生産し、販売する戦略を取ります。

そして、その国でそのモノが行き渡り、成長が鈍化する前に、また次の国に展開するということを繰り返します。モノが行き渡り、生産能力が過剰になると、価格競争となり、徐々にサービスでの戦いに移行することになります。

大手企業というのは、他国の発展に大きく寄与しているのと同時に、世界中にわれわれ中小企業のライバルを増幅しています。それがデフレの根本的な原因であるために、今後もモノの面でのデフレは止まることはありません。

成熟社会といわれる日本では、すべての業種がサービス業化をしなければ生き残れない状況であり、その競争が激化しています。こんな日本でも成長を続ける中小企業は、間違いなくサービスの部分で自社の優位性を築いています。逆に、モノを生産したり、モノを仕入れて販売したりするだけの企業では、薄利多売で厳しい経営を余儀なくされています。

モノを大量に生産し販売する戦略は、大手の得意とするところであり、その狙う市場は、大きな売上の期待できる、大きな消費のある市場となります。大量生産、大量流通によるコスト削減や効率化ができるため、そこでも大手は稼ぐことができます。

これと同じ戦略を取り、その市場に参入すれば、われわれ中小企業は、間違いなく大負けすることになります。大手の基本的な戦略は、「規模、価格、品揃え」となり、絶対に中小企業が手を出してはいけない市場といえますまた、最新の設備を入れたところで、その優位性を長く保つことはできません。そのモノを生み出す設備でさえもモノですから、その時点での最新でも、数年後には、より性能のよいものが発売されることになります。

そして、設備による生産産業では、その業界全体での「生産能力が余剰だと競争が起き、価格が下がり」、「倒産や撤退などで生産能力が調整されると競争は治まり価格が戻る」、そして「設備の増産…」という形で、浮き沈みの波を繰り返すことになります。

大手企業に対し、モノのみを提供する中小企業には、やはり厳しいコスト要求が毎年来ることになります。そして、叩かれ、生かさず・殺さずの状態に陥ることになります。

中小企業という規模で、ただのモノを提供している製造業や、モノを取り売りしている商社などは、儲からないどころか、これから益々厳しくなります。

在庫を持てることが「製造業」のメリットですが、その在庫を持つことで、利益を得られるのは「そのモノに価値を付加している」メーカーだけといえます。自動車メーカー、工具メーカー、住宅メーカー、食品メーカー、これらのメーカーは、「製品」づくりを外注し、「商品」づくりとそれを売ることに力を入れます。

100万円で受注し、30万円で外注する

われわれ中小企業が目指す事業は、価値を提供するサービス型事業となります。

サービス型事業の「見えにくい」という特性は、安定的に量を提供するという点では難易度を高めますが、自社の優位性を守るには有利に働きます。

地域には、儲かっているようには見えないが、実はすごく儲かっている会社がたくさんあります。競合先が、その会社を調べるためにホームページを見ても、自社との差を発見することはできません。そのサービスの内容をほとんど知ることはできません。

そして、それを支える仕組みや組織については、外部からは全く見ることはできません。例え全容がわかったとしても、それを真似するには非常に大きな手間と時間、そして、根底となるノウハウが必要になります。

また、サービス型事業であれば、その顧客にとってはなくてはならない状態になり、他では替わりが効かない存在になることができます。その便利さや快適さは、1度手に入れると手放すことができません。サービスにより顧客を囲い込むことができます。

その分、粗利率（付加価値）や単価を大きくすることもできます。商談の場で、厳しい価格交渉はほとんどありません。もし、厳しい値下げの要請があれば、「競合が出現した」、「見込客ではない人にアプローチしている」、「サービスの価値がしっかり伝わっていない」という要因を確認することになります。

また、サービス型事業は、市場規模が限定的な上、手間が掛かり個別対応の要素が大きいために、大手が参入しにくい市場になります。

儲かっている事業の構造

世の中の儲かっている事業の構造は、次のように表現できます。

自社の売る力で「よい顧客」を開拓し、顧客に「価値を売り」儲ける。そして、モノをつくる企業に外注し、その差額でさらに大きく儲ける。

厳しいようですが、これがビジネスです。お客様を開拓する会社が一番儲かるのです。経営の中で、最も難しくて、大変なものは、集客し販売する顧客の開拓です。その最も難しいことに莫大な手間と資金を投じた会社が儲けるのです。

それに加え、価値を売ることにより、さらに大きな粗利率を得ることができます。そして、その仕事の一部を、モノを売る企業から仕入れたり、外注したりします。

百貨店では、比較的所得の高い顧客層を集め、その顧客に対しフルーツの籠盛を1万円で売ります。その果物は、市場の業者に依頼し、3，000円で仕入れてきてもらいます。また、その装飾や器は、梱包業者から1，000円で購入します。その差額の6，000円が儲けです。ハイシーズンには、それを1日100個売り、粗利高60万円を得ます。

ホームページ製作業者は、「集客ができるホームページ」を受注します。その金額は100万円です。顧客は、その「集客」という成果を期待して、その価格でも注文をします。そして、そのホームページ製作業者は、デザイン案をネット上で購入し、ライターとカメラマンを手配し、最後の制作まで外注します。

ただし、成果の出るホームページのコア技術であり、自社の強みである企画だけは自社で行います。費用30万円を外部に支払い、自社の取り分は70万円になります。

外注先も、大きくは2種類に分けられます。1つは、自社にサービス（価値）を提供してくれる「パートナー企業」です。もう1つは、モノを提供してくれる「下請企業」です。

「パートナー企業」に対しては、その提供される「価値」に見合った価格で仕事を依頼します。「下請け企業」に対しても、その「モノ」に見合った価格で仕事を依頼することになります。

価値を売ることでしか儲けることはできません。また、自社の優位性を保つことはできないのです。価値を自社で売るからこそ、高い粗利が得られます。高い粗利が得られるから、外注が使えるのです。

多くの中小企業が「儲け損ねている」２つのパターン

儲かっていない企業を見ると、大きく2つのパターンがあることがわかります。

1つは、先ほどから説明している、価値が低いモノを扱っている事業の場合です。年商10億円や20億円あっても、その付加価値率が低いために、ほとんど儲かっていない企業は多くあります。大手企業や取引先からは、モノをつくるための「手間賃（工賃、日当）」という扱いを受けます。

今後も、流通網やネットの発達により、グローバルに競合先は増えていきます。モノに対する値下げ要請に終わりはありません。

この企業は、何としても事業をサービス化し、価値変換をする必要があります。

もう1つは、価値があるのに、それを売っていない場合です。その原因は、自分たちの価値を正しく認識していないことにあります。「自分たちがどんな価値を提供しているのか」、「顧客がなぜ自社を継続的に利用してくれるのか」わかっていないのです。

「そんなバカな」と思われるかもしれませんが、当社がお手伝いをさせていただく企業の8割は、当てはまります。

提供している本人たちも認識していないのですから、PRするのが下手どころか、全くできていません。名刺やホームページを拝見しても、「○○製造」や「○○工事業」、「ホームページ製作」などと書かれているだけです。

これは、初めてお会いする人に、「当社は、ありふれたホームページ業者です」、「特色はありません」と宣言をしているのと同じなのです。価値ではなく、モノを提供している会社として、自社を売り込んでいることになります。

そして、「御社の特色は？　何が強いの？」と訊かれ、押し黙ることになります。結果として、自らが「価格（値引き）」という道にお客様を導くことになります。

「価値を提供することを事業とする」―この認識により、顧客に対し適正にPRすることができます。だからこそ、価値を含んだ適正な価格を提示することができます。

また、自分たちの存在意義を正しく認識することが、自分たちの態度がどうあるべきかを定義づけることになります。その価値を提供するための接客方法、服装、提供する資料など、すべてが定義されることになります。

まずは、今の事業の価値の棚卸をすることです。そのためには、今現在自社と取引してくれている顧客の中で「理想的な」顧客を分析してみることがいいでしょう。その理想的な顧客は、無理な値引きを突き付けることもありません。そんな顧客は必ず「モノ」ではなく、「価値」を当社から購入しているはずです。

もし、値引き要請の強い顧客がいるようなら、その顧客は「モノ」を買っていると認識していることが予測されます。その顧客に対しては、自社の商品の「価値」を再教育することになります。その上で、正当な価格で交渉を進めることになります。

事業全体を１つの商品と考える

特色あるサービスを考えるときには、目に見える提供しているモノで考えるのは間違いです。その提供の仕方や契約体系など、事業全体を1つの商品と考える必要があります。

顧客は、モノを買っていません。顧客は、そのモノを手に入れるための手間が省けたり、アドバイスを受けられたりの総合的な価値で購入を決定します。

現在、世の中で儲かっている事業を見ると、どこもが、その総合的に提供される価値で勝負をしています。例えば、ネットでの買い物。本や文房具や食品を買っているのではありません。「自宅に届けてくれる」、「通勤中でも買い物ができる」、「ゆっくり比較できる」などの、利便性を買っているのです。

レストランでも、食事だけを提供しているわけではありません、記念日や誕生日という特別な日のために、その雰囲気や楽しい時間を過ごすという体験を提供しています。

トレーニングジムでは、運動や健康を売っているのではありません。ましてや、機械や場所の使用を提供しているわけでもありません。痩せてきれいになった、かっこよくなりたいという価値を満たすサービスを提供しているのです。

その提供する過程にこそ、「特色」を持たせることができます。ここそが、中小企業の勝負どころとなります。顧客は、その価値を認めれば、しっかり支払います。

また、この価値変換には、大きな投資が必要ないことがほとんどです。「モノ」をつくるわけではないので、設備を新たに入れる必要はありません。すでにある「価値」をしっかり見えるようにする、または、見せ方を変えるという取組みになります。

普通の食事を低価格で提供し、儲けられるのは、大企業だけです。大企業は、大量生産、大量流通によりコストを下げ、薄利でも大きく儲けることができます。日用品や量産品は大企業に任せ、贅沢品や特別な体験、高い専門性、手厚いサポートなどがわれわれ中小企業の稼ぐ市場になります。

これこそ、大手が嫌う市場であり、われわれの勝てる市場です。

T社長は、改めてそのような視点で、同業他社のホームページや評判を調べてみました。すると、現状の自社と似たり寄ったりであることがわかりました。

その多くは、「工事や作業を提供している」というもので、「価値を提供するサービス業」という意識で、やっているところは見当たりませんでした。

社長は、ここまでの作業を終え、感想を漏らしました。「当社は、今まで完全にモノを提供していました。だから儲からなくて当たり前なのです。そして、だから顧客の地場のゼネコンからも扱いが悪かったのです」。

そして、大手ゼネコンに対し、「しっかりとした会社」として認識してもらうために、必要なことを1つひとつ確認しました。

・社員はもちろん作業員の服装もマナーもしっかりしていること
・見積や契約に関する書類も間違いがなく、期限を厳守
・車もきれいで整備されていること
・会社案内やホームページがしっかりとした会社に見えること
・安全に配慮した作業ができること

書き出せば書くほど、社長は、自社とのギャップを現実のものとして受け止めることになりました。「本当にできるのでしょうか」と少し弱音も口に出ます。

しかし、これはできる、できないという問題ではなく、やらなければ自社は生き残れないことなのです。今までどおり他社と同じに見られ、「下請け」として扱われることになります。

「これができたときには、自社の優位性ができ、社長の望む商売ができますよ」と少し勇気づける意味も込めて、お話をさせていただきました。

この社長が上げたものができたときには、それが「自社の優位性」になっているはずです。そのターゲットとする顧客が求める価値を提供するために、自社をつくり替えるのです。

第3の変革視点　商品化（物販化）「何か困り事はないですか」では儲からない

多くの企業が、創業期には「何か困り事はないですか」という形で事業を開始しています。そして、顧客に「こういうことができますか」と訊かれれば、「はい、できます！　得意です！」と答え、それから勉強して何とかしていました。

創業期は、そうでなければ生き残れません。

T社も、基本的に、この精神で仕事を受けてきました。しかし、このままの事業体系では、年商10億円どころか、儲かる事業になることはありません。顧客にしっかりPRすることができないために、厳しい値段を突きつけられることになります。また、こちらも自信を持って説明ができないために、弱くならざるを得ません。

商品と見込客は、次のように定義することができます。

商品とは、「自社の想いやこだわりを目に見える形にしたもの」、そして、見込客とは、「その商品を使えば絶対に喜ぶ人」となります。

まずは、自社の提供するものを顧客が商品として、しっかり認識できる形にする必要があります。

われわれは、「モノ」はネット通販で買います。本、パソコン、食品など、その性能も機能も見たままであるモノは、外れる確率が低いために、簡単に買うことを決定します。

われわれのサービスも、認識できる形になれば、見込客は何を自分に提供してくれるのかがわかり、そして自分の欲しいものと合っているかどうかを、短い時間で判断ができるようになります。

しかし、残念ながら、多くの中小企業では、見込客が買うものが認識できる形になっていません。

事業内容や取り扱う製品の一覧や価格表はあるものの、商品にまでになっていないのです。これを「お客様が買える形」にする必要があります。

その主な方法であり、最も有効なものは、カタログや提案書ということになります。

そこには、顧客が得るメリットから、その商品の特徴、そして、そのサービスの内容が載っています。これがあるからこそ、その想いを見込客にぶつけることができるのです。

カタログや提案書を整備していくと、そのサービスを、少し「物販」に近づけることができます。

見え難いサービス型事業だからこそ、目に見える形での商品化が絶対に必要になるのです。

また、それにより、社員も初めて自社の商品（サービス）を知ることができます。それにより、社員でも、顧客に自社の商品や特色を説明できるようになります。

顧客に伝わりやすくなり、買いやすくなります。顧客の要望を聞くよりも、顧客に選んでもらうという形になり、商談のスピードも早くなります。

多くの会社では、「社長と一部の優秀な人材しか売れない」という状況になっています。その一番の理由は、「売るもの」がない、「売れる形」になっていないことです。社員の能力の問題ではないのです。働いている社員が自社の商品（サービス）の強みや特色を説明できない会社がほとんどです。

商品化により、顧客と会社の関係は、人で繋がるのではなく、その商品を通じて繋がることになります。顧客は、「その商品がよいから当社と取引をしてくれている」という状態です。

これができていない会社では、顧客は「人」につく形になります。「そのスタッフの人柄」や「その営業担当の技術や提案力」につくことになります。その「人」が社長であれば、その社長は現場を離れることができなくなります。また、それが優秀な社員であれば、その社員の退職リスクを上げることになります。

時には、「自分の顧客」を持って独立することもあります。社員が独立する一番の理由は、商品化がされていないために、顧客がその「人」についていることです。特に、サービス型事業の場合、大掛かりな設備も必要ないため、独立は容易になります。

商品で顧客と自社が繋がることで、その人材の退社による技術の流出や、独立され顧客を持っていかれるというリスクを下げることができます。

この相手の要望を聴き、それに合わせ提案するというスタイルは、社長だからできることです。同じことができるだけのレベルの高い社員を複数名確保することは困難であるため、大きく展開することができなくなります。そして、提供するサービスの品質も安定しません。

また、宣伝広告で、「あなたの困り事を解決します」では、顧客の興味を引くこともできません。

そして、この「お困り事ありますか」のスタイルを繰り返すと、メニューが増え続けます。

その結果、中途半端な商品（サービス）で溢れることになります。まさに、何でもできて、何にもできないという状況です。そして、１つひとつのつくり込みや改良もされなくなります。

そして、社員は、さらにその複雑なメニューに対応できなくなります。採用した社員が、仕事を覚えるのに時間がかかります。その一方で、社長は益々現場を離れられなくなります。

「社長こないの？」、顧客から社長指名の電話がなくなる

そして、顧客からのクレームを減らし、顧客満足を高めることができます。

顧客満足度とは、「顧客が抱く事前期待」との関係で決定されます。事前期待とは、顧客がその商品を買う前に抱く期待の大きさです。顧客は、その期待値とその金額が見合うと判断するからこそ購入を決定します。決して「至れり尽くせりだから」や「安いから」という理由で購入するわけではありません。

「この価格ならこの商品を買ってもいい」という事前期待が、満たされたかどうかで満足か不満足かが決定されます。その抱いた事前期待が大きく裏切られたときに、クレームまで発展します。

提供されるものが事前に目に見えるという物販は、この「事前期待が形成しやすく」、また「外

れ難い」ため、ネットなどでも販売が可能になります。

目には見えない価値を提供するわれわれの商品（サービス）だからこそ、この事前期待を顧客に適切に持ってもらうことが重要になります。顧客の中に形成された事前期待が低過ぎても、その価格に納得を得られなくなります。

サービスは、受けてみて初めてその良し悪しがわかるものです。また、人がかかわる過程が多いために、品質が一定に保ち難いのもサービスの特徴です。そのため、顧客は購入を決める際には、物販とは違い非常に慎重になります。

お客様の不満足やクレームになる原因は、「適正な事前期待を形成できなかったこと」と「その狙いどおりサービスを提供できなかったこと」にあります。

その根本原因は、「紙」でその商品を見せられていないことにあります。また、今まで社長がその顧客担当であった場合には、「社長」までもが顧客の事前期待に盛り込まれています。

そのため、いざ担当が社員に替ると、「あれ、社長はこないの？」ということになり、勝手にサービスを落とされたと、不満を持つようになります。

商品化とは、紙であるといえます。紙があるからこそ、社長、社員、顧客の認識が初めて揃うのです。サービスという見え難く、その提供の過程も商品に含む事業の場合、この3者共通の認識が重要になります。

この年商10億円事業を売る事業モデルへの変革の「単価」「価値」「商品化」という3つの変革は、

絶対に必要になります。この変革をよりしっかりとご理解いただくために、もう1社の事例を上げさせていただきます。

設備設計業N社　「技術力」「提案力」からの脱却

N社は、年商3億円、その事業の形は、お客様からの「こういうことをしたいのだが」という相談に対し、設計から生産、据付けまでを行う典型的な「相手合わせ型」の事業モデルの会社でした。

N社長は、世界に展開したいと大きな夢を持っているものの、ここ数年はこの年商で伸びが止まっています。

メインの顧客である自動車部品メーカーや商社からは、繰り返し生産設備に関する相談が寄せられます。その相談に対し、社長が持つ技術と専門知識、そしてアイデアにより設備の構想が提案されます。その提案力、設備の効果、故障の少なさで、高い評価を得ています。

N社長からは、「先生のセミナーに参加して、当社がなぜ大きくならないか理解することができました。サービス型事業の典型で、使ったらわかる（使わなければわからない）というものです。また、今のような提案型の営業は、社員にはできません。ですから、お客様からは、私指名で案件が寄せられます」というご相談を受けました。

訪問前にホームページを拝見すると、「技術力」と「提案力」、そして人の繋がりや社会貢献を謳った経営理念が掲示されてあります。しかし、残念ながら、これでは「何をしてくれるのか」、「何を買ったらいいか」がお客様にはわからないのです。まずは、「商品」をつくる必要があります。

第1回目のコンサルティングの最後に、社長に宿題を出させていただきました。

「社長、御社には、多くの相談が持ち込まれます。そして、それに対して提案し、解決し、多くのお客様に喜んでいただいています。そんな過去の設備の中から、他の顧客にも売れそうな設備を数点リストアップしてください」と。そして、そのために、「開発と展開」と「手間に見合った単価」の考え方を説明させていただきました。

次に訪問をすると、さすが技術を売りにするだけあって7つもの候補が上がりました。

「社長、この中で、一番やってみたいモノはどれですか」と問いかけました。

大雑把な訊き方のようですが、そこにある顧客のニーズや同業他社との競争に勝てるかという事業機会については、その世界で真剣勝負をしている社長にしかわからないものなのです。また、それは、社長にしか決断ができないのです。

N社長からは、すぐに回答が返ってきました。「この削孔マシンです。3年前に大手バイクメーカーH社のタイ工場に納めたものです。大手設備メーカーのマシンでは、十分すぎる機能がついており、大きく、場所も取り、1台数千万円と高いのです。当社のこのマシンは、機能を絞ることにより600万円ほどで提供が可能です」。

ライバル業者の調査も、価格の検討もしっかりされていることに感心をしました。

「社長、そのH社のタイ工場の評判はどうですか?」とお聞きすると、なんと「知らない」との答え。

このようなケースは、どの会社でも起こり得ることです。毎日の業務に追われること、そして、目の前に見える「モノ」に引っ張られ、「価値」を納めているという認識が薄れてしまっているのです。「モノ」は納めたが、狙いどおりの結果や使い勝手という「価値」がどうかを確認するということが抜け落ちやすいのです。

そこで、社長にご提案をさせていただきました。

「社長、ぜひそのタイへ行って状況を見てきてください。そして、そこでどうなっているか、どう役に立っているのか（本当に役に立っているのか）、そして、改良点がないかも確認をしてきてください」。

何かが見えたときの社長の行動力というものは、すごいものです。その翌週にはタイへ飛んでいました。そして、帰国後には、笑顔でお話を聞かせていただきました。

「タイでは大変好評でした。3年間ノントラブルで、先方の副工場長がわざわざ出てこられて、感謝までされました」。

その好評の理由は、「シンプル」、「簡単」であること。

人件費の安い国では、人の手がかかっても、全自動の機械を入れるよりも総コストを抑えらます。当初、この機械の特徴は、多品種小ロット生産の国内向きに考えていたものであり、こういう「価値」に海外では形を変えていることに驚かれていました。

そして、シンプルであるために、壊れにくく、メンテナンスが少なくて済みます。これは、海外工場での酷な扱いでも壊れないこと、そして、もし壊れたときでも修理や部品の調達が短期間に済むことを意味します。

生産ラインが止まることを一番恐れるこの業界では、特に重要な条件になります。そして、工夫されたシンプルな操作性により、現地採用のスタッフでも短期間で作業ができるようになります。

N社長は、この訪問により、この機械の事業性に自信を持つことができました。

さらにその足で、インドに工場を持つ他の取引先をも訪問してきたというのです。そこで、普段は日本にいる常務にたまたまお会いすることができました。そして、その機械の提案のために、日本で再度面談することのお約束をいただいたのです。社長の行動力あってこそ引き寄せられたチャンスです。

帰国後も、「顧客が何を求めているか」、「何を課題にしているのか」を知るために、数社を訪問しました。ノート数ページがびっしり埋まるほどのヒアリングをすることができました。

ここまで来ると、次に移ることができます。私は、それを提案書としてまとめ、すぐにその常務と興味を持った数社を再度訪問するように進言させていただきました。

そして、「その資料を顧客に見せると、いろいろな質問などが出されます。それをまたその資料に反映してください。それにより商品の精度を高めることができます」と説明をさせていただきました。

翌月、訪問をすると、N社長の顔色がすぐれません。「訪問する先々でよいとは言ってくれるのですが、なかなか成約まで進みません」というのです。N社長は、すべての再訪問を行っていました。

また、ちょうど申し込んでいた地域の製造業関連のフェアにも、急遽そのマシンのPRに内容を変更すると、そこでも好評だったとのこと。しかし、ここでも、それ以上商談が進まないので悩んでいました。

私は、法人取引、それも設備の検討となると時間がかかることを説明させていただきました。その上で、カタログを拝見しようとすると、まさかの「ない」の答え。

タイ、インド、数社の訪問とフェア、すべてマシンの図面と写真のみで回ってきたというのです。またまた、社長の行動力には驚かされました（こういう社長は大好きです）。

「社長、その好評だったところの答えは、〝上に上げておきます〟ではなかったですか」と。

「ハイ、そのとおりです。しかし、それ以上何にも連絡がないのです」。

その提案された担当者も、その機械のよさは理解もでき、実績からも自社での有効性を感じることができました。担当者は、次にそれを社内の上司や部門に情報として提供し、お伺いすることになります。

そのときに「紙」という資料が必要になるのです。カタログや提案書なりの「紙」がなければ、お伺いどころか、話題にもできません。例え、そのマシンが素晴らしいものと十分理解できたとしても、整理された情報が載った資料がなければ、どうしようもないのです。

売ることが弱い中小企業では、この「紙」にまとめることを苦手とする会社は多くあります。しかし、自社の商品の「価値」を正しく魅力的に伝えようと思うのであれば、絶対に必要になります。これは、対個人も対法人でも同じです。

顧客が求める情報が、漏れなく、整理されている必要があります。それがなければ、購入担当者は社内稟議のために、自分で文章を作成することになります。忙しい購入担当者は、他に候補があれば、「紙」がない時点で面倒な業者として候補リストから外すことをします。

その「紙」にまとまったものこそが、商品であるといえます。また、資料にまとめることこそが、商品化の第一歩となるのです。そこには、まだ機械そのものは必要ありません、資料が先なのです。その資料で、顧客のニーズがあることを確認することが重要になります。それさえできれば、あとはそれを満たすために必死につくるだけです。

そう説明させていただくと、N社長からは、「そういうことですね。担当者様からも、資料ができたらまたくださいと言われました」(笑) と。

社長は、その後、すぐに資料にまとめ、その先を再度訪問しました。

その結果、大手部品メーカーA社から注文をいただくことができました。また、常務にお会いできた会社では、本社での出張展示会を行うように特命をいただけました。

「これが得意です」という営業スタイルに変革

これが商品化の考え方であり、商品化の効果です。

商品化されているからこそ、その魅力が顧客に伝わるのです。商品(サービス)の魅力が、「商品化された状態」で表現されなければ、その魅力はないのと同じなのです。商品化されているから、お客様は理解することができ、商談を進めることができるのです。

これは、今までのような「困り事は何ですか？」の営業スタイルを、「これが得意です」というものに変革します。それにより、ホームページやフェアなどでのＰＲが断然やりやすく、強力にもなります。そして、これならば、社員でも売れるようになるのです。

Ｎ社長から、「お客様には大変失礼な表現ですが」という前置きがあり、印象深い言葉を口に出されました。「よく考えたら、当社の事業は、鴨がネギを背負ってやってくるようなものですね。お客様は、自社の生産の課題を解決したくて、当社に相談にやって来てくれます。それは、他社には売っていないからこそ。それなら、その課題を解決させていただき、それを他の会社に売ることを考えればいいのですね」。

１回の成功事例を、10回、１００回繰り返すこと、これが事業です。

苦労してつくって、その顧客に喜んでいただき、１回儲けて終わらせていたら、もったいないのです。これこそ本当の器用貧乏です。

これを繰り返し、ある分野の商品群を持つと、世にいう「メーカー」と呼ばれる存在になります。

メーカーは、１つの課題をコスト度外視で解決し、それを商品化します。そして、大量に生産し、販売することで、大きく儲けることをします。また、それにより、さらに次の相談の案件が来るようになります。それをまた「開発」し、大きく「展開」します。

それにより、その分野における専門性を益々高め、シェア１番の強い事業を構築します。そのときには、社員1人当たりの生産性を、飛躍的に高めることに成功をしています。

まとめ

- 強い事業とは、「よい商品」と「よい顧客」が組み合わさった状態。「特色もない」、「満たされた相手」であれば、それは弱い商売となる。
- 「よい商品」とは、まだ世の中では、希少。そして、「よい顧客」は、まだその存在に気づいていないので、自社に、その顧客にアプローチする力が必要となる。
- 売ることができて初めて「成長の計画を持てる」、「変革する権利を得る」のである。
- 「顧客に提供する価値」、「顧客の要求」の視点から、事業の特色や優位性はつくり上げるもの。
- 単価がその手間に見合っていない状態で展開すれば、「忙しいが儲からない」、「リスクが大きい」という状態に陥る。絶対に、手間に見合った単価への変革が必要となる。
- 自社の売る力で、「よい顧客」を開拓し、顧客に「価値を売る」。そして、「モノ」をつくる企業に外注して、その差額で大きく儲ける。
- 「商品化（物販化）」することで、顧客に伝わりやすく、買いやすくなる。社員でも営業できるようになる。その顧客と自社は、人ではなく、その商品（サービス）で繋がることになる。

第3章

確実に業務をさばく、「自主回転」の現場づくり

1　企画、提案、技術力という「クリエイティヴ」が会社の成長を阻害する

前章の事業モデルの改革とは、年商10億円に向けて儲けの効率を上げるための取組みといえます。そして、この第3章では、それだけのボリュームの仕事量を、組織として効率よくこなすための、根本的な考え方と構築の進め方をご説明します。

社員でも「売れる」、「つくれる」への変換法

提案営業、企画や開発というクリエイティヴな業務をいかに社員にやってもらうか、それができるかどうかが、サービス型の事業を大きく展開できるかのポイントになります。

多くの中小企業、特に、年商数億円の企業では、このクリエイティヴな業務を社員化できないために、社長や一部の優秀な人材だけが、その業務を担っている状況は多くあります。

創業から現在までの自社の強みが、この社長の持つクリエイティヴな提案営業力や企画力だったとしても、展開するためには、同じように社員ができるようにする必要があります。

それができないと、今までの成長を牽引したその「自社の強み」こそが、ボトルネックになり、そこで成長の停滞を迎えることになります。そして、一般社員は定時に帰るが、社長やその一部の人材だけが会社に残り、業務をこなすという状態に陥ります。

このクリエイティヴな業務をいかに社員にやってもらうかという取組みの前に、ここまでの事業モデルの変革で取り組んで来た趣旨を、正しく理解しておく必要があります。なぜならば、事業モデルの変革が完了した時点で、「クリエイティヴな業務を社員が行う」ことに関する課題の多くが、解決されるからです。

年商数億円の規模になったとき、まだ社長が現場の第一線で働いていれば、間違いなく「社長は神懸ったレベル」にあります。社長自身は、自覚していないかもしれませんが、社内では、社長に敵う社員など1人もいません。１つの業務だけでも、敵わないことがほとんどです。

社長は、今まで第一線で営業や企画、開発をやってきました。そして、目の前の顧客のため、また、売上を得るために、本気で仕事に打ち込んできました。一番多くの経験も持ちます。そして、そのレベルをさらに上げ続けています。

どれぐらいの期間を要すれば、どんな努力をすれば、社員は、社長のその域に達することができるのでしょうか。はっきり言わせていただくと、それは一生無理なのです。特に、社員という雇われている状態であればなおさらです。

例え、その社員が独立し自分でやったとしても、多くの時間がかかります。それを待つだけの時間はありません。また、会社の発展を、その社員の成長に委ねるわけにはいきません。

そんな社長を基準に事業モデルをつくってはいけません。また、優秀な人材がいなければ成り立たない事業モデルは、事業ではないのです。

年商10億円を目指す上で、このクリエイティヴな業務こそ、最も大きな成長の阻害要因であるという認識が必要です。絶対に、この段階では、「クリエイティヴな業務を社員ができるようにしよう」という方向に向かってはいけません。年商10億円を目指すのであれば、次の考え方を持つ必要があります。

クリエイティヴな業務を社員ができるように取り組む前に、クリエイティヴな業務をなくすことを考えることが必要です。

サービス特性の大きい事業を持つ会社ほど、提案営業や企画や高いデザイン性というクリエイティヴが自社の強みであり、売りになっているケースが多くあります。ご自分の営業力や技術力で創業された社長は、特にその傾向を持ちます。

このクリエイティヴな業務こそが、年商数億円で停滞する最大の要因なのです。ここを、大きく変革できない限り、年商10億円どころか、これ以上展開することも難しくなります。

しかし、このクリエイティヴという部分でこそ、付加価値が取れることも間違いありません。自社の特色も、大手と戦わない市場もそこにこそあります。

そこで、目指すべき事業とは、クリエイティヴでなくともお客様が満足してくれる事業となります。または、クリエイティヴでなくとも、お客様からは、クリエイティヴに見える事業となります。

そのために行うべきことの多くを、すでに第2章でご説明をしてきました。

設備設計業N社の事例で再度何をやってきたか、確認をします。

N社の事業において、最もネックとなっていたのが、お客様から課題や状況をヒアリングし、それに対して機械の構想を提案し、商談をまとめる業務です。この業務には、高い専門性や経験、そして、コミュニケーションやプレゼンなどの対人能力という総合的に高い能力が必要になります。

そのため、この業務は、N社長しかできていませんでした。しかし、社長が受注してきた機械の構想から詳細な設計図を作成することや、それを組み立てることは、社員にもできていました（正確には、１人の優秀な社員が設計をやっていました）。

それを、他社での成功案件であるNマシンという「できたものを売る形」にすることで、業務の難易度を落とすことに成功しています。

「できたものを売る形」ということは、お客様にとって理解しやすく、買いやすいということとともに、社員でも売れるということを意味します。

カタログがあれば、社員でも説明ができます。そこで出た細かい質問は、Q＆A集としてまとめておきます。これであれば、たとえ新入社員でも、何を売りたいのかは相手に伝わります。その場でのヒアリング力も企画力も必要ありません。

ここまで来れば、工作機械などのフェアにも出展することができます。今までのような事業モデルでは、ブースでPRするものは「困り事をお聞かせください。当社が解決します」となります。飾るものは、「当社の解決事例」となっていました。そして、そのブースには、広い相談内容に対応するために、社長か優秀な社員が常に張り付いている必要がありました。

これからは、ＮマシンをＰＲしていくことができます。ブースには、Ｎマシンの特徴や性能を飾ることになります。Ｎマシンそのものを持ち込むことも可能です。行き交う来場者にとっても、「いる、いらない」が瞬時に判断できます。そして、そこに寄って来た人は、かなりの確率で「見込客」といえます。

実際に、このＮマシンに急遽内容を変更したフェアでは、数社の「質のいい名刺」を手に入れることができました。そして、その中の数社は、後日、望まれる形で訪問をすることになりました。これが今までは、「なんとなくの名刺」ばかりが集まっていました。

入社２、３年、社員が育った頃に辞めていく理由

この段階になると、営業部門を設けたり、担当者を採用したりすることができます。売るものと売る方法があって、初めて営業担当を活かすことができるのです。それにより、営業活動を増やし、さらに販売数を伸ばすことができます。商談のスピードは上がります。１社と取引が決まれば、複数台の販売も期待できます。

Ｎマシンの基本的な開発は済んでおり、すでに開発費は回収しています。売れば売るほど儲かります。そして、ある程度まとまった量をつくれれば、仕入コストや生産コストを下げることも可能となります。また、マシンの改良や生産上の改善を積み上げることができます。

その後は、定期メンテナンスや仕様の変更などの固定収入も徐々に増えることが期待できます。

計画的に生産でき、ある程度在庫化もできるため、業務の平準化も可能です。今までのような「社員にやらせることが全くない」という状態は避けられます。

　そして、この材料を仕入れ、図面どおり組み立てるという生産工程なら、並の社員でもできます。もちろん、工具の使い方などの基本的な技量は必要ですが、難易度を大きく下げることができます。そして、管理者によって、その進捗の管理や品質の確認も十分可能です。

　量産の部門をつくり、社員を増やすことで、生産能力を高めることができます。

　採用された社員は、まずは、その量産部門に配置し、先輩のもとで量産の業務を覚えます。また、メンテナンスや修理などの業務も行います。

　その日からできる作業、すなわち、その日からその社員が稼げる業務をつくり出すことができたのです。そして、その量産の業務で、経験を積ませることができます。経営者からすると、「入ってすぐにやらせられる業務がある」、そして、「経験を積ませる業務がある」、それにより「新人の日給分の稼ぎを確保できること」は、大変助かることです。

　この段階では、教育というレベルのものは必要ありません。まずは、決まったことをしっかりやってもらうこと、そして、短期で戦力となってもらうことが重要になります。

　今までのN社では、この量産の仕事がないために、採用してもすぐにやらせられることがありませんでした。また、すべてが一品物のため、１つの機械の組立に参加しても、次には異なる機械となり、経験が積み上げられずにいました。すべてが、広く浅くとなるため、一人前と呼べるまでに育つのに時間が掛かりすぎていました。

工業機械を設計するには、機械全般の知識から、加工する部品の形状や材質、そして、制御機器やプログラミングの知識と、ものすごく広く必要になります。ただでさえ高い専門性が必要なのに、それに拍車をかけているのが、「お客様の困り事を解決する」という事業形態にあるのです。その結果、社員では到底できなくなっていたのです。

新規採用された社員は、いつまでもアシスタント的な業務しかできず、自分が活躍することができません。活躍するのは、いつも社長と一部の優秀な社員です。そして、この2人は、新たなお客様の困り事を解決することで、さらに経験を積み成長をしていきます。

その結果、その社員は、会社を去ることになります。採用した人材が数年で辞めていく、育った頃に去っていく最大の原因は、ここにあるのです。仕事が楽しくないのです。

N社が専門機械メーカーになる日

「得意なモノを売る」という事業に変えることで、採用した社員を段階的に育てる仕組みを持つことができます。採用された社員は、基本的な技能や知識を身につけるために、その量産の部門で経験を重ねることができます。

そして、基本的な業務を覚えると、改善業務など、徐々にクリエイティヴな業務を任されていきます。その先には、開発部門に移ることもできます。

開発部門には、顧客から現行のマシンの改良の要望や新たな開発案件の相談が寄せられます。そして、新しく開発し販売された多くの成功事例の中から、次の量産機械の候補が生まれます。この業務こそ、エンジニアとしての醍醐味であり、夢見たことです。

この開発という業務には、知識や技能とともに、創造力や熱意というクリエイティヴがどうしても必要となります。そのため一部門を開発業務に特化させます。それを専門部門とすることで、会社として、「高い研究開発力を持つこと」、「スピードある進化」が可能となります。

この開発部門の持つ開発力こそが、この先発売されるマシンの力になり、会社の最もコアな部分となります。このクリエイティヴという業務には、その人材の素養も大きく影響するため、採用にも力を入れることになります。また、この部門には、優先して人材を補充することをします。

この段階になると、分業による業務効率のアップがさらに加速されてきます。

営業部門、生産部門、開発部門、事務部門と、それぞれの分野を専門の部門が受け持つことで、そのスペシャリティが高まります。その結果、各部門・各業務で、クリエイティヴと呼べる領域の業務をこなす人材が現れます。

各部門のその人材は、その専門とする業務では、すでに社長を越えています。社長は、プロとして経営の仕事をします、各部門も、その分野のプロとしての各業務の変革を続けます。これこそが分業の力であり、組織をつくる意義なのです。

しかし、この分業を進めるためには、絶対に満たす必要がある条件があります。この条件がないうちは、この分業の効果を得ることはできません。

それは、仕事のボリュームです。分業をするということは、それだけ、各部門に仕事量が必要になります。仕事量があるから、各部門をつくる意義があるのです。仕事量が先であり、その後に分業となります。この仕事量を支えるのが、「事業戦略」であり、「売る力」となります。「売る力」があるからこそ、ボリュームが確保でき、分業ができるのです。

ボリュームが確保できないと、社員1人の業務の範囲は、広くならざるを得ません。

分業の範囲、すなわち1人の業務が広い状態は、そのまま「業務の難易度が高め」、「効率を下げる」ことを意味します。また、「高い専門性も習熟も得ることができない」、そして「会社としての開発力も業務の進化のスピードも遅く」なります。これが年商数億円規模の状態です。

分業するため、分業の効果を得るためには、絶対的にボリュームが必要になります。

その仕事量を基盤に分業を進めます、その分業により、各部門がクリエイティヴを高め、会社を強くします。そして、さらにボリュームを増やし、さらに分業をします。

この売上拡大とさらなる分業により、作業効率はよくなり、どんどん各部門は強くなります。

このときには、社員1人当たりの1年間の生産性は、1，０００万円から1，５００万円になっています。貢献度が高い社員には、給与で十分に報いることができます。

その結果、会社として、その業界やその分野では、専門機械メーカーとしての地位が確立しています。

お客様やその業界から見れば、間違いなくクリエイティヴを提供する会社となっています。そして、その業界では、十分なシェアと開発力を持った、強い事業を築くことができます。

ここまでの話は、今後の話であり、妄想と言われても仕方がないかもしれません。

実際に、N社は、「先日、大手部品メーカーから、正式な1台目の注文書が来た」という状況です。そして、N社長の携帯電話には、顧客担当者からの『相談案件』がバンバン来ています。現場を離れるどころか、まだ夜遅くまで図面を引いています。

しかし、今のN社長には、この事業モデル全体と組織の構想が明確に持てています。そして、この構想を実現するための順番も見えています。

それを実現すべく、忙しい合間を縫って、提案書を修正したり、マニュアルを作成したりしています。今まで同様の相談案件数をこなし、売上を維持しながらですから、ものすごく大変なことです。

しかし、その毎日の行動に迷いはありません。確実に、１つひとつ進んでいます。N社長のその目は、世界を見据えているのです。

社長だからこそできるダイナミックな仕事

「年商10億円を売る事業モデル」により、効率よく粗利高を稼ぎ出します。そして、「年商10億円をこなす分業」により、それを効率よくさばきます。この中に、「人を短期で戦力化する」仕組みを入れ込むことをします。

ここまでのご説明で、ご理解いただけたと思います。

社員ができない理由は、社員の能力にあるのではなく、その高すぎるクリエイティヴを売りとした事業モデルにあるのです。その高すぎるクリエイティヴのために、社員はその仕事にやり甲斐を感じることができていません。

お客様に喜んではもらえます、しかし、それを社員は、自分の貢献として喜ぶことができないのです。

そして、「1回稼いで終わり」のため、1人当たりの生産性が上がることはありません。当然、社員の給与も上げることができません。

前述のように、事業モデルの変革が重要であり、最も難しいという理由になります。この変革なしでは、大きく儲けるどころか、社長が現場を離れることもできなくなります。

年商10億円を目指すということは、クリエイティヴをなくすための取組みであるといえます。そして、私が、コンサルティングでお伝えすることは、「すべてが繋がっていること」です。

よく、売ることとつくることを別々に考えられる方がいます。しかし、それは間違いであり、別々に構想してはいけません。単価の設計から、価値変換、商品化、そして、その業務を各部門に分担し、それを効率的に提供していく――ここまで一緒に考えるからこそ、1つの事業モデルとして成り立つのです。

これは、大きなビルの建設を考えてみるとわかります。ビルを設計するときは、そのデザインだけを先行できるものではありません。

いくら奇抜で斬新なデザインを描いたからといって、現存する、または開発の可能性がある技術の存在が前提になります。それを支える骨組みなどの構造の技術がなければ、設計に織り込むことはできないのです。

そして、それが設計上可能だとしても、それをクレーンや人の手で施工できなければいけません。また、工事スケジュール、業者や資材の調達、そして、コストも検討が必要です。これらすべてを含んだ構想があって、初めてビルのデザインは決定できるのです。すべて一緒に考えていくからこそ、素晴らしい建設物が成り立ちます。

事業モデルでも、儲けるための設計を描き、その実現のための要素を一緒に考えていくことが必要です。

そのときには、クリエイティヴをできるだけなくし、効率よく供給できるようにします。そして、その上で、求める人材の要項を決め、短期で戦力化する流れを織り込みます。それにより、大きく儲けることができます。

ここまでの変革ができて、初めて年商10億円に向かうことができるのです。

完璧とまではいいませんが、この大きな構想を、第1章で説明した「開発段階」でつくっておく必要があります。

これをバラバラで考えていては、いつまでも年商10億円を越えることはできません。それどころか、どれかが欠けるために行き詰まることになります。売る仕組みだけではいけません、分業の仕組みだけでもだめです。この全体構想の前では、すべてが一構成要素にしかならないのです。

この一連で考えるのです。これができて初めて、年商10億円に向かうことができます。私が、提言しています「年商10億円ビジネス」には、明確な法則性があり、必要な要素がある、という根拠はここにあります。

そして、ビル建設には、構想から設計、骨格から内装の施工まで順番があります。順番を守ってこそ、それは成し遂げられます。

同様に、年商10億円のための事業モデルや組織の構築にも、順番があるということもここで明言をしておきます。

実際に、変革のお手伝いをさせていただいた社長からの感想で一番多いものが、「順番があるのですね」というものです。

各部門は、それぞれの専門で、しっかり受持ちの業務をやってもらうことが仕事です。

全体の設計があったとしても、それぞれが勝手に機能していては、混乱することになります。それは、ビル建設の現場で、たくさんの業者がバラバラに動いている状態と同じです。

社長は、年商10億円を狙い、事業モデルの設計を行います。この事業モデルの完成に向け、全体を統括する役目を担います。この全体を構想し、統括するというダイナミックな仕事こそが、社長の仕事なのです。

2　多くの会社が「社員を増やし」、業績を悪化させている

量産の分業ではなく、高度な業務のための分業を目指せ！

ここで、この分業についての考え方と構築のポイントをご説明します。

営業は営業部門、開発は開発部門、事務は事務部門という形で、複数の人員が役割を分担して商品（サービス）を生産提供することで、高い生産性を得ることが可能となります。

分業する目的、すなわち、分業のメリットは、大きく次の3つになります。

① **効率性**：**効率を高め、生産性をアップする**

似通った業務をその担当者や部門にまとめることで、モノや人の移動と段取り替えの作業を減らし、生産の効率を上げることができます。

② **専門性**：**専門性を高める、スピードを持った進化が可能になる**

1つの分野を、そのプロフェッショナルが担当することで、改良や開発のスピードを上げることができます。その成長の速度も速く、高いレベルが維持できます。

③ **業務の低度化**：**難易度の低い業務をつくり出す**

高度な業務も、細分化することで、難易度を下げることができます。それにより、業務で求める

能力の要件を拡げることができ、人の確保が容易になります。新人でも短期間の訓練でできる、難易度の低い業務をつくり出します。また、派遣や短時間労働のスタッフの活用も可能になります。その結果、スピードを持った事業の拡大が可能になります。

「高度な業務をするために分業を行う」と考える必要があります。分業というと、流れ作業的な量産現場を思い浮かべる方も多いと思いますが、今われわれに必要なものは、高度な商品（サービス）を生み出し、提供するための分業です。

会社は、この分業により、効率とともに、強さも手に入れることができます。10名で15名分の生産性を得ることができ、また、並の人材で大きな成果を得ることができるのです。

そして、30名、50名、１００名、1，０００名と規模が大きくなるにつれ、より業務は細かく分担され、より大きく分業のメリットを得ることができます。それぞれの分野のプロフェッショナルが活躍するのが、会社という組織なのです。

しかし、これだけ多くのメリットがある分業について、多くの中小企業がその恩恵を受けられていません。分業し各部門が機能的に動くためには、当然、必要とする仕組みがあります。

創業当時のように、1人で最初から最後まで業務を行うのであれば、問題は起きませんでした。受注量の増加とともに、それをこなすために社員を増やしていきます。また、外注業者も増やします。このときに、なんとなくその分業が機能することはありません。分業する仕組みをつくっていくことが必要になります。

その分業するための仕組みづくりが、後手に回ったり、順番を間違ったりすれば、たちまち「分業」だからこそ起きる問題が溢れることになります。そして、生産性を上げるための分業が、かえって生産性を下げてしまうことになるのです。

リレーで走ると、バトンを落とす

分業を機能させるための仕組みの構築の手順は、「業務の流れを設計する」、それから「各業務を固める」というものになります。

分業すると、必ず部門間のやり取りが発生することになります。営業が受けてきた案件を、企画担当に渡し、また営業に渡す、そして、受注が決まれば、それを…という流れです。当然、この流れが勝手にできるようになることはありません。

担当を分ける前に、どんな情報を、どんな媒体（紙、メールなど）で受け渡すのかを決めておく必要があります。また、その際には、社長承認や在庫の管理なども織り込んでいきます。

私は、よく分業をバトンリレーに例えて説明をさせていただきます。

創業当初の社長1人のときには、1，０００mを社長1人で走っていました。それを5名で分担すれば、1人２００m走ればいいことになります。ずいぶん楽になります、その分、各ランナーは全力で走ることができます。その結果、1人で走るよりも、早くゴールすることができます。

しかし、問題も起きます。それは、バトンの受渡しのときです。そのときに、受渡しに手間取ったり、バトンを落としてしまったりということが起きます。そして、その結果、1人で走るよりも時間が掛かることになります。そして、他のチームに追い越されます。

このバトンの受渡しを、しっかり仕組みにしておかないといけません。

上手にバトンの受渡しの仕組みが機能しないと、「顧客の要望が設計に伝わっていない」、「在庫があるのに発注してしまう」、「納期調整が上手にできない」など、多くのトラブルを生むことになります。

年商数億円の会社では、この業務の流れの仕組みができていないことを起因とするミスや不具合が高い割合を占めます。ある会社では、「納品まで完了しているのに、請求書を出していない」ということまで発生しています。

売上が伸び、社員数が増え、この分業を進める過程で、しっかり仕組みをつくることに向かう必要があります。それをやらずに、売上や社員数を増やせば、やはり問題が多く起きるようになります。

そして、今後、売上が増えれば、さらに分業を進めることになります。1，000mを5名で走るところを、10名で走ることになります。バトンリレーについて、何も対策をせず、ぶっつけ本番で「よーい、ドン」をして、1度もミスをせず走り切ることのほうが、奇跡に近いのです。

また、業種によっては、仕入先や外注先などの関係者も多くなります。特に、サービス型事業では、関係者が多く、情報もその受渡しの頻度も多くなります。そのため、より機能立った仕組みが必要になります。

製造業は、その製造過程から納品まで、モノとして見えるモノがあり、それがバトン替わりになります。それに対して、サービス型事業では、そのバトンがモノとして見えません。顧客の要望や状況など、すべての情報を何かしらで「見える」ようにしなければいけません。

そのバトンリレーに参加する全部門が、その顧客の要望やその意図などを把握する必要があります。そして、その状況に応じ、各部門が「業務の進め方を調整すること」や、「その品質に責任を持ち、次の担当に回す」ことができる必要があります。

「右腕がほしい」「優秀な人材がほしい」は間違い

一見、このバトンリレーができている会社でも、「実は1人の人材」が回しているケースは多くあります。その1人が、各部門の業務をチェックし、その時々に指示を出しているのです。

その指示があって初めて、各部門が動けるという状態です。この1人が社長であれば、益々社長は現場を離れられなくなります。また、この1人が「優秀な人材」であっても同じことです。その人材が現場を離れられなくなります。

そして、受注量が増えれば、また「同じような人材を増やすこと」に向かいます。その結果、「誰も休めない」、「誰かが辞めたら…」という、より窮地に追い込まれることになります。

よく「右腕がほしい」、「優秀な人材がほしい」と言われる社長がおりますが、自分が抱え込んだ業務を肩代わりしてほしいという趣旨であれば、全く間違った考えなのです。

また、バトンリレーができていないと、人間関係にも悪い影響を与えることがあります。

本来なら、仕組みの問題であることが、「あの人は気が利かない」や「連絡をくれない」という、その人の人間性ややる気の問題にすり替えられてしまうのです。そして、その対策として、「懇親会」や「コミュニケーション研修」などが取られることになります。

これらにより一時は持ち直すものの、根本的な解決にはなっていないために、時間の経過とともに元に戻ることになります。

そして、そのまま月日が経過すると、優秀な人が辞めていくことになります。彼らは、口には出しませんが、その原因が仕組みにあることに気づいていることがほとんどです。そのため、その不効率を続ける状況に耐えられなくなり、会社に見切りをつけることになります。

絶対に人に向かうという発想を持ってはいけません。人をある方向に向かわせるのが仕組みの働きです。人が間違っている方向に向かうのであれば、考えるべきことは、仕組みを直すことになります。人がミスを生むのであれば、ミスを生むようにできているのです。だからこそ、仕組みを見直します。

自動車ディーラーS社　「お客様のお見送り」問題

この業務の流れの設計が終わると、各部門の業務のつくり込みとなります。

サービス型事業での顧客満足には、その提供されたモノだけではなく、提供される過程が大きな影響を与えます。お客様との接点すべてが重要です。

電話の出方であったり、メールのやり取りであったり、店の雰囲気など、これらすべてが「自社の商品（サービス）」となります。この「自社の商品を、自社のお客様に、狙いどおりの品質で提供するために、すべてが一貫している」必要があります。

そのためには、すべてを規定し、その業務にかかわるすべてのスタッフに徹底する必要があります。

そのために必要なことが、「決めること」です。「決めること」ができていないために、多くの会社では、社員が自分のよかれと思う方法で行動せざるを得ない状況になっています。

当社がお手伝いをさせていただいた、自動車ディーラーS社の事例です。

S社長より、「店舗に来られたお客様のお見送り時の、２人の営業担当の態度」について、意見を求められました。

A君のお客様のお見送りの仕方は、「お客様が車に乗り込む間は直立で待ち、車が車道に出るための安全を確認し、立ち去る車に向けて最後はお辞儀をする」という形をとっていました。

それに対し、B君は、「店舗の自動ドアの外までついていき、そこで挨拶をし、すぐに店舗内に戻る」というやり方です。

S社長には、このB君の態度が怠慢に映ったようです。そこで、社長に、「それぞれどういう考えでそうしているのか」を確認していただきました。

A君は、「私は、前職、外車ディーラーで働いていました。お客様は、皆さん立派な方なので、ホテルのような接客を心掛けていました。当然、道路までお見送りに行きます」との答えでした。

それに対し、B君は、「店舗を出られると、多くのお客様が、自分の車の中で試乗の感想や次にどこへ行くのかと話をしています。また、特に当社の店舗にはお子様連れの方が多く、チャイルドシートの準備などで、どうしても時間がかかります。そういうときに、待たれるのはきっと嫌だろうと考えています」と。

これを訊いて、社長はすぐに気づかれました。

「先生、私が決めていないことが問題だったのですね。A君もB君もお客様を思ってのこと、どちらも当社の理念にも合っています。これは、彼らの態度の問題ではありません」。

その後、社長は、すぐに「お見送りの仕方」をマニュアルにまとめることにしました。

そして、決めることの大切さを理解した社長は、他にも「お辞儀の使い分け」、「電話応対の仕方」、「お茶の出し方」という基本的なものから、「新車購入時の車検パックのすすめ方」や「メカニック担当者による点検結果の説明の仕方」など、高度な業務もマニュアルにまとめました。

このときに活きたのが、自社の商品（サービス）の定義であり、明確な見込客の定義になりました。その見込客にどんな価値を提供するか、それによって自分たちの接客態度や服装、そして、業務のやり方すべてを決めることができました。

S社では、マニュアルづくりとともに、毎月勉強会をすることにしました。

その勉強会では、改良や新設されたマニュアルの読合せを行い、全員でロールプレイを行います。そのときの講師は、そのマニュアルを作成した社員が行います。そして、その翌月の勉強会で、その実施状況を確認し、導入後の疑問点の解消やさらなる改善をすることにしました。

また、特に重要なものや実施状況の悪いものを、人事評価の項目に追加しました。

これらの取組みにより、1つひとつの業務のやり方と基準が決まり、会社としてのサービスが固まってきたのです。そして、社長は、サービス全体の向上とともに、今までバラバラだった社員の考え方がまとまってきたのを感じることができました。

また、1つの店舗でのノウハウを、もう1店舗にも共有することができました。これらの効果は、自動車メーカーが定期的に行う各販売店の顧客満足度調査にも数字として表れるようになりました。

集客の取組みの効果と連動して、業績を大きく押し上げることになりました。これらの取組みの前は、2店舗での新車の販売台数は200台弱。そして、その1期後には260台、2期後には360台までになりました。

各業務を決めること、そして、社員がそれをできるようになること、それにより、事業すべてが自社の商品（サービス）となり、顧客を満足させることができるのです。

第4章では、「会社を継続的に成長させる仕組み」について、ご説明させていただきます。

このまま社員の育成や戦力化についての説明に移りたいところですが、「会社の成長と人の育成は車の両輪のようなもの」であり、どちらかだけで存在することはありません。同時に仕組みとして同時につくり、機能させていく必要があります。

まとめ

・クリエイティヴな業務を社員ができるように取り組む前に、クリエイティヴの業務をなくすことを考える。目指すべき事業は、「クリエイティヴでなくともお客様が満足してくれる事業」、または「クリエイティヴでなくとも、お客様からはクリエイティヴに見える事業」

・社員ができない、育たない、辞める大きな理由が、「お客様の困り事を解決する」というクリエイティヴを売りにした事業形態にある。この形態は、社長や一部の人材しかできない。

・分業により「効率」「専門性」「業務の低度化」を実現する。売る力により、ボリュームを増やし、さらに分業の効果を大きくする。

・リレーで走るとバトンを落とす。業務を分担し、各部門間で回すためには、そのための仕組みが必要になる。

・各業務をきちんと「決める」ことが重要。決めることで、社員の考えと行動が整い、自社の商品（サービス）が狙いどおり顧客に提供される。

第4章

考え、行動する現場、社長に提案する管理者をつくる

1　名ばかりの管理者を生み出す理由

T社、「超」大手ゼネコンからの初受注

T社では、事業モデルが回り出し、徐々に新規開拓のためにアプローチした大手ゼネコンからの見積りが取れるようになってきました。その見積りも、当初の狙いどおり、金額も工期も大きいものばかりです。

新規の開拓方法は、大手ゼネコンの購買部門の情報を集め、ダイレクトメールを送り、電話して訪問という、至ってシンプルな方法です。営業担当として、建設資材の商社で営業経験のある50代の男性を採用しました。

送付するカタログ、そして、その後に見られるだろうホームページには、大手ゼネコンに「しっかりした会社」と印象づけるために管理体制や社内教育などの内容を盛り込んでいます。

その甲斐もあって、10社へ送れば3、4社は会っていただくことができました。

業界には、「ゼネコン各社には、それぞれに密接な協力業者会があり、参入は無理」という慣例もあり、この当時、この業種で大手ゼネコンに直接営業をかけるという競合他社はありませんでした。

「既存の業者に不満がある」や「ちょうど工事を請けてくれる業者が不足していた」と、タイミングがよいと見積りに参加することができました。

その営業に取り組む一方で、社内の体制の整備を進めました。すべての業務を棚卸し、マニュアルや帳票類を1つひとつ整備していきました。これには、それまで女性事務スタッフが各々のノートにメモとして残していた資料が、大変役に立ちました。

バラバラだった作業服やヘルメットを「ユニフォーム」として統一しました。

また、車両や重機など、社としてのカラーリングも行いました。そして、それらの管理や整備の体制も決め、文章化をしました。

今まですべての業務が曖昧で、属人的であったため、この1つひとつに、会社としての考え方を明確にして決定するというプロセスが必要となりました。大変時間と根気のいる作業です。

しかし、このプロセスを、主要な社員と共に進めることで、「すべてを仕組みにする」、「自分たちで仕組みをよくしていくのだ」という考え方への変化が起きました。また、その後の、運用開始から、定着がスムーズに進みました。

そして、その後のマニュアル更新のサイクルもうまく回るようになりました。マニュアルは、つくることよりも、更新することのほうが重要です。女性事務スタッフ数名が、マニュアルを使って、業務の打合わせや改善の意見交換をしている姿が日常的に見られるようになりました。

その仕組みづくりの中、T社長は、社員や作業員を休憩室に集めました。その中には、主力の外注業者の社長も数名見えます。期の途中でしたが、社長は「ぜひ全員に知っておいてほしい」という想いで、今後の会社のビジョンや方針について説明する会を開きました。

その部屋は、事務所1階の吸殻が山盛りだった部屋です。そこに、ぎゅうぎゅう詰めに、40名ほどが入っています。配布された資料は、A4用紙が1枚、時間は正味1時間ほどの会でした。

1年後に、このときの会が、翌年以降定期開催されるT社の経営計画発表会の記念すべき第1回目であることに気づくことになります。

T社長は、この会で、「なぜ、会社を変えなければいけないのか」、そして「どう、会社を変えていくのか」を話しました。普段、口数の少ない社長だけに、話は流暢ではありません。しかし、発せられる言葉には、考え抜いてきた者だけが持つ重さがあります。

狭いその部屋には、社長の声だけが響いています。そして、話の最後に、社長は、「皆さん、ご協力をお願いします」と頭を下げられました。

突然の会に招集された一同は、わかったような、わからないような、顔をしています。

しかし、「大手ゼネコンを狙う」という発表は、やはりインパクトがあったようです。

社員も作業員も、大手ゼネコンの現場のイメージは持っています。当初は、「あんな厳しい現場で働くのか」と尻込みしていましたが、自分の着るものが替わり、車が替わり、作業場や事務所が整っていくうちに、その意識を変えることになりました。

通常、変革を起こすときに、「人の意識が先」ということはあり得ません。強引でもやって導入してしまう、「環境が先」です。３か月もすれば、本人たちは、その口で文句を言っていたことも忘れてしまいます。

また、社員や作業員に対して、現場のマナーや服装、安全などの勉強会が開催されました。朝礼のやり方については、入社2年目の20代前半の社員が、講師を務めました。そのときのテキストは、作成したマニュアルを使用しました。

「われわれのお客様は、大手ゼネコンであり、すべての基準は大手ゼネコンである」。自分たちの顧客を明確にイメージできることは、大きな効果を生みます。社員はもちろん、作業員までが、この言葉を発するほどでした。そのイメージに向けて、すべてが引っ張られていきます。

そして、そんな取組みの中、最初の1件の受注が決定したのです。

それは、誰もが知る「超」がつくほどの大手ゼネコンです。さすがの社長も、営業担当者から、その会社名を聞いたときには、「あの○○建設?」と聞き返してしまったとのことでした。

社長から、電話で、その受注とともに、喜びを伝えていただきました。

「大手ゼネコンから初受注できたことよりも、狙ったとおりの営業の仕組みで受注できたことが何より嬉しいです」。

この受注が、仕組みづくりに弾みをつけるきっかけとなりました。会社全体は、その最初の現場の着工に向けて、やらざるを得ないという理想的な状況になったのです。

そんな中、社長と私の2人での打合わせのとき、T社長の何気なく言った一言が、私にとって運命的な気づきを与える言葉となりました。

「先生、事業を経営するということと、建設工事はよく似ていますね」。

私は、大学卒業後、大手ゼネコンに入社し、施工管理に従事していました。そして、在職時からある組織博士に弟子入りし、組織の生産性向上に関する勉強を始めました。さらに、その真理を追求したいという思いが抑えきれず、大好きな仕事を辞めることにしました。

そのゼネコンでの経験と、自分のコンサルティングの内容のすべてが繋がった瞬間です。自分の提供するノウハウの根源は、自分自身が何十億円のビックプロジェクトに参画した経験と、組織論の追求であることを明確に意識するようになりました。

T社長ご自身も、「事業構築のプロセスを建設工事のイメージでとらえることで、より経営や組織というものの全体とその動かし方を掴みやすくなった」と感想を述べられています。

建設物をつくる際には、必ず完成図面があります。そして、その完成を目指して計画を作成し、それに合わせ、工事を進めていきます。

その工事の実行の多くを、外注業者に依頼します。大きな工事では、日に外注業者の数は数十社、作業員は数百人となります。そして、その進捗を定期的に確認し、必要であれば修正を加えながら1つひとつ進めていきます。その結果、大きな建設物ができるのです。

事業経営においても、経営計画書という設計書を作成します。そして、それを実現するために計画を立てます。それを持って、各部門に対してその実行と実現を依頼します。会議などでその進捗を確認し、その時々に起きる問題を解決し、1つひとつ進めてきます。それにより、社長の描いた構想は、現実のものとしてつくられるのです。

活用されない経営計画書の特徴とは

経営計画書を作成する意義とその効果について、まとめておきます。

経営計画書とは、事業設計書だという認識が必要です。その書には、この事業で儲けるためのすべてが書かれています。「自社の商品定義」や「ターゲットとする顧客」、「どう開拓するか」、そして、「価格や粗利率の方針」など、すべてが織り込まれます。

そして、その実現のために、長期、中期、短期というスパンで計画を作成します。このときの計画は、完成図面とその期限からの逆算ということになります。

残念ながら、この真っ当な考え方を満たしていない経営計画書を多く拝見します。「理念や考え方が大半を占めるもの」、「数字ばかりのもの」、そして「社員の福利厚生ややり甲斐ばかりのもの」。これらのものでは、事業で儲けることはできません。社員は、どう動いて、何を実現すればいいのかがわからないのです。事業の設計書があって初めて、これらは活きるのです。

会社が儲けるために必要な経営計画書とは、具体的な戦い方が明確に記載されており、そのための具体的な行動が示されたものです。そして、それを持って、各部門や社員に協力を依頼します。

依頼された部門や社員は、自分たちがどんな成果を期待されており、どう行動すればいいかが明確にわかります。それがわかるからこそ、そこから自分たちで考えることや、創造力を発揮することもできるのです。また、そこで先回りして調査や準備をすることもできます。

そして、その事業と、会社の発展に希望が持てるようになります。「この事業は、この先さらによくなる」、「自分も成長できそうだ」、「給与も増える」、「部下も持てる」。そして、「自分は、この会社で長く働くことができる」という思いが持てます。自分の将来に対しても安心ができるのです。結婚すること、子をつくること、マイホームを持つという望みも持てるのです。

そして、そこにこそ、会社への信頼と、その信頼に応えようとするやる気が生まれるのです。

※次ページの上の写真は、「しっかり活用される経営計画書」です。本当に必要な書類は多くありません。下の写真が「運用されるマニュアル」です。スタッフにより書込みがあります。

バラバラで集められた人と業者がチームとして働くための条件

皆さんは、事業というものを建物と考えたときに、どれぐらいのものを望まれるでしょうか。

望まれる建物が、小さな家であれば、図面も計画も必要はないかもしれません。社長という親方の頭の中に完成のイメージがあり、それに合わせその場そのときに指示を出し、数名の職人を動かせば、完成することができるでしょう。

しかし、望む建物が、ビルほどの大きなものであれば、やはりその図面が必要になります。そして、その実現のための構築の順番を考え、計画を立てることになります。

しっかり活用される経営計画書

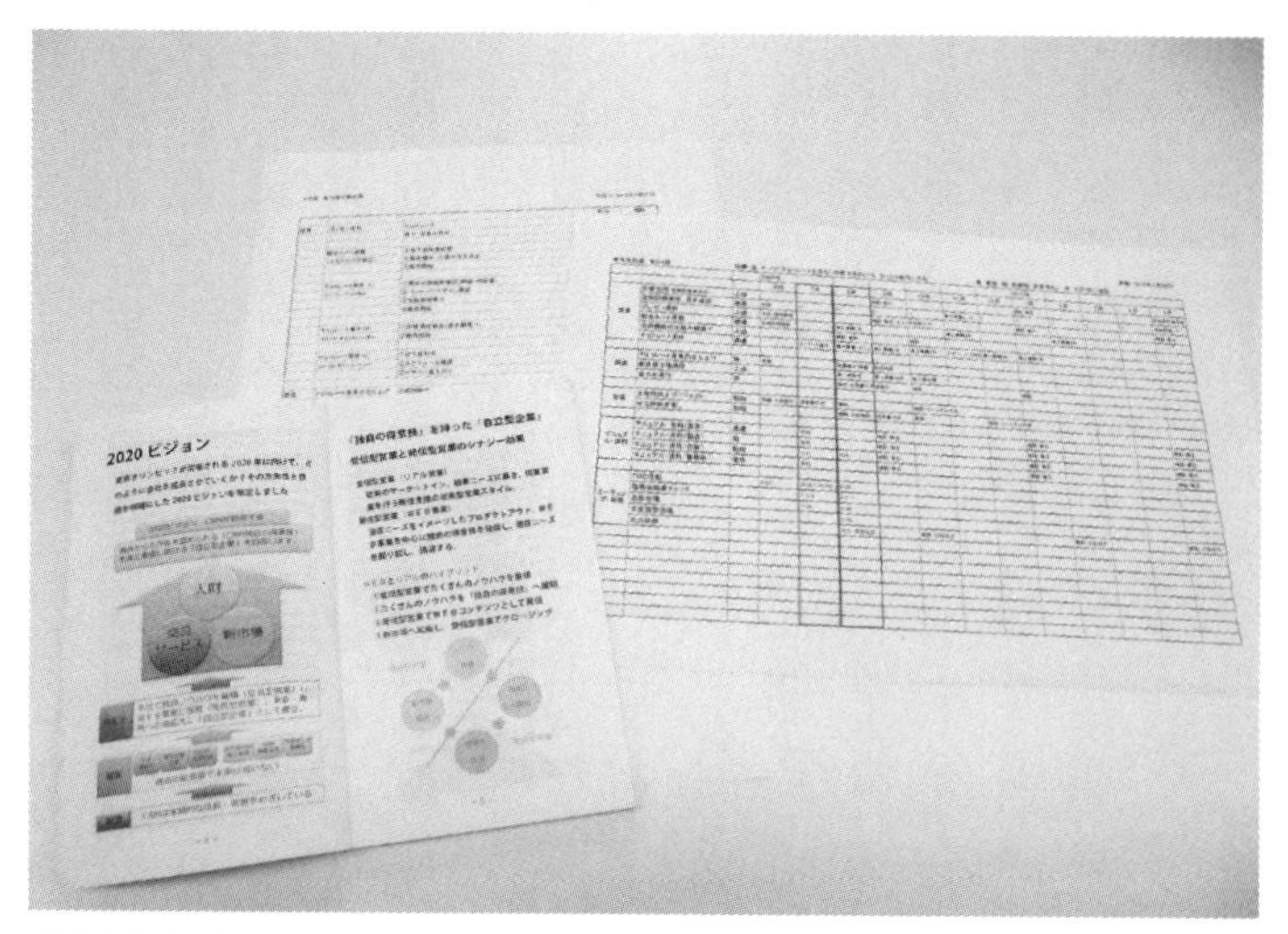

運用されるマニュアル

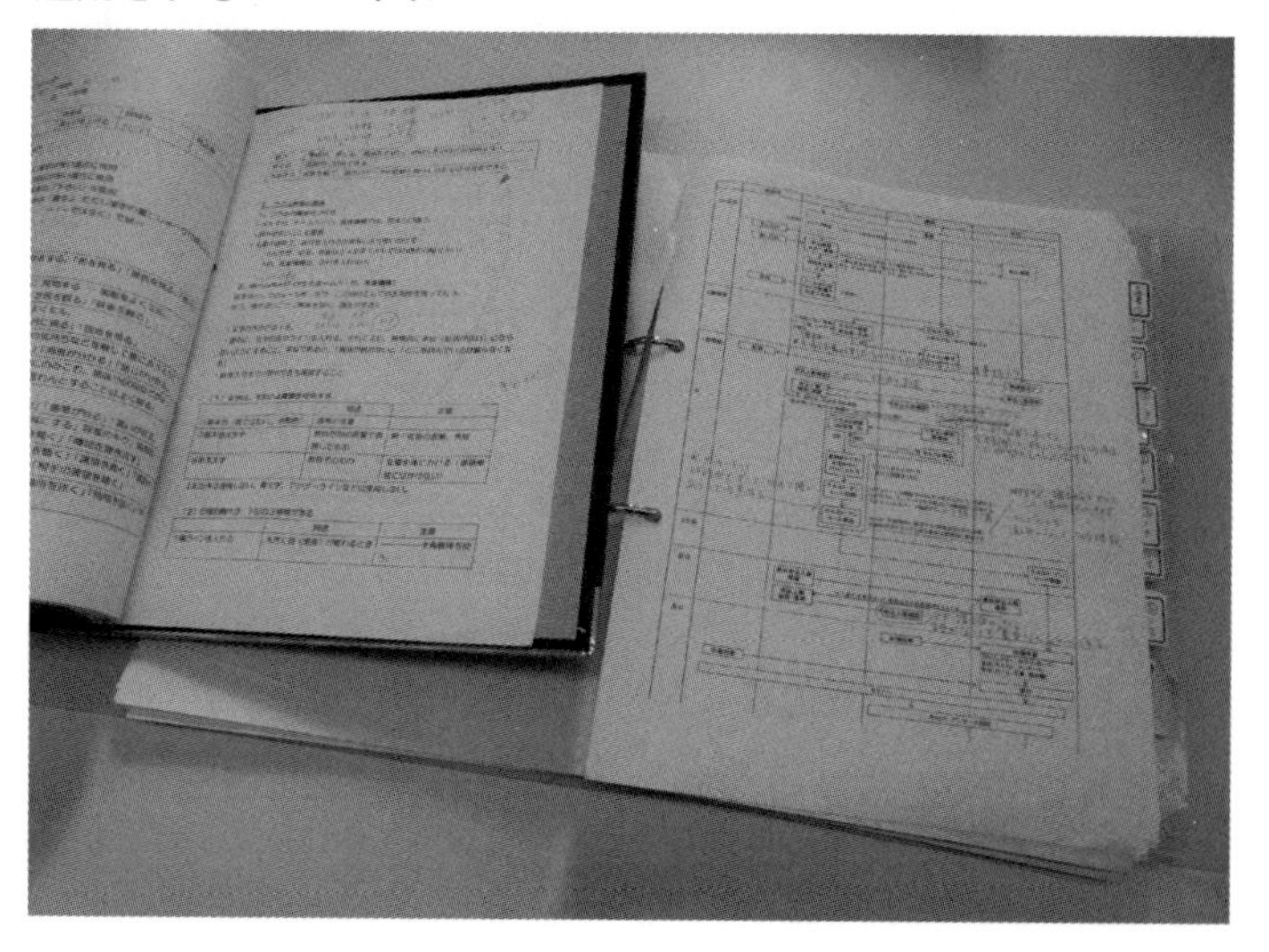

その図面と計画を用いて、各分野のプロフェッショナルである部門や外注業者に依頼することになります。この図面があることで、自分たちが何をつくっているかを理解することができます。完成したものが、「どう世の中に貢献するのか」も想像ができ、自分たちの仕事の重要性も感じることができます。それが、仕事へのやる気と誇りになります。

そして、具体的な計画があるので、お互いに調整し合い、協力して進めることができます。また、その計画に照らし合わせ、その工事の進捗も確認できます。遅れが生じたときには、人員の増強や方法変更などの対策が可能になります。

この図面と計画書があるからこそ、バラバラで集められた人や業者が、その完成に向けて心を1つにし、チームワークを発揮することができるのです。それにより、余すところなく能力を発揮することができます。その仕事に打ち込むことで、社員やスタッフは、成長することができます。

その結果、お客様は感謝をし、お金を払ってくれます。

社員も、お金とやり甲斐という報酬を受けることができます。また、その儲けの中から、次の発展のための研究開発に費用を投じることができます。

これにより、会社は、社長の描いたとおり、初めて動き、成長していくのです。そして、さらに発展を続けることで、もっと大きな仕事を行い、より多くの人や地域を幸せにすることができます。

この経営計画書づくりは、大変な作業になります。この大変さの意味するところは、文章として書く大変さにはありません。その中身である「儲けの設計」を創造し描けるかどうかにあります。

そして、それに対し、多くの資源を投じるだけの「確信」が持てるかどうかにあります。

成長し始めた２人の管理者。そして、突然訪れる別れ

Ｔ社では、最初の事業モデルの検討の段階から、経営計画書の作成を開始していました。その経営計画書には、「意思決定したこと」や「想定される問題」など、すべてを残していきます。

そして、実行計画を作成し、そのとおりに手をつけて進めていきました。

当然、その思惑どおりに進むことはありません。その多くが、「やってみてわかる」ことばかりです。しかし、その度に経営計画書を修正しました。また、計画があるおかげで、計画の遅れが発見でき、修正が可能となりました。

どんな図面でも、1度で完成することはありません。それどころか、何度も書き直すところに意味があります。その何度も書き直すという過程があることで、練り上げられ「確信」に変えることができるのです。わかるところから書く、悩んでいることを残す、手を動かすことが必要です。

この作成から実行という一連の取組みの中でも、当然、多くの問題がありました。今までどおりの業務があります。今までどおりに固定費はかかるため、売上を落とすわけにもいきません。また、すぐに工事の不具合や顧客からのクレームがなくなるわけではありません。

社長はじめ中心となった社員は、今まで以上の業務をこなす必要があるため、この時期はかえって残業が増えることになりました。

経営計画書による経営、仕組みの整備、これらを進めるということは、今までの属人的なやり方を否定し、組織としての仕組みに変えるということです。それにより、すべての業務や情報を全員が見えるようにします。そして、すべての業務に基準ができるようになります。

また、各部門と各役職についての役割が定義され、その業務やその望まれる態度までに、基準ができることになります。

そのため、今までのようないい加減な仕事や態度では、許されなくなります。また、各役割や役職に与えられた業務の遂行状況が、皆の知るところとなります。それは、その人の能力をも晒すことになりました。

社長は、そんな中で、遅れがちな社員や気持ちが乗っていない社員にも、ぶれることなく、繰り返し、その業務の重要性と実行を依頼していきました。

しかし、やはり脱落者が出ました。その社員にとっては、今までのやり方や社風が心地よかったのです。仕組化をするためには、どうしても論理的に考えることや文章力という、今までとは異なる能力が求められます。また、作業員の中でも、その「大手ゼネコン」基準に合わないと去る者も少なくありませんでした。

T社長は、その中でも、創業当時からのメンバーである2名の管理者について、悩んでいました。業務の流れやその基準を明確にする取組みの中、正式に部長に任命されたのは、このA氏とB氏です。この2名は、それぞれ設計部と工事部の部長の役を担います。

社長は、この分業の仕組みの構築に、２名を当初から参加させました。業務の棚卸やマニュアルづくりという作業の推進役を依頼しました。慣れない作業でしたが、両部長は、各部のメンバーに分担し、前向きに取組みを進めました。

会社全体のその作業の終わりが見えた頃、社長より相談がありました。「彼らは、大変真面目なのですが、考えていないようなのです」と、その管理者２名に対する思いを口に出されました。

仕組みができ、業務の流れが見えるようになり、各業務の基準ができたからといって、それですんなりと終わることはありません。それどころか、見えるようになり、基準ができることで、問題が表出することになります。

今までも、その問題は間違いなくあったのですが、「見えなかった」ために、済んできたという状況です。次は、その表出する問題を１つひとつ潰していくことが必要になります。

そのときには、当然、社長がすべてに対し考え、指示を出すわけにはいかなくなっています。各部がそれぞれの問題を発見し、案を考え、解決するということが必要になります。その中心的な役割を担うのが、管理者になります。

社長は、A氏とB氏の担う部門について、一向にその改善が進まないことを不満に思っていました。社長が、「あれ、どうなっている?」と訊けば、少し進み、放っておくとまたそのままという状況です。

そこで、私は、提案をさせていただきました。「社長が、管理者に何を期待しているか、具体的に伝えてみてはいかがですか」と。

管理者を機能させるための３つのポイント

多くの中小企業では、「管理者を任命しても機能しない」という問題が起こります。

その一番の大きな原因は、「管理者自身が何を期待されているか」わかっていないということです。それがわかっていないから、管理者は、その「管理者としての役目」に向かうことができないのです。また、「どんな態度に改めればいいか」もわからないのです。

「管理者の役目とは何ですか？　何を期待されていますか？」と、実際に管理者に訊いてみるとわかります。明確に応えられる管理者はいません。

これを建設業に例えていえば、外注先の業者が、自分たちが何をするのかわかっていないのと同じ状態なのです。

ゼネコンでは、外注業者に依頼するときには、必ず図面と工程表、そして、その工事の施工要領を書面で渡し、依頼します。また、整理整頓や服装、態度などの現場のルールも、先にしっかり伝えます。その際には、必ず打合わせの時間を設けます。その依頼する工事が重要なもので、大きいものであればあるほど、その頻度や時間は多くなります。

それにより、初めて外注業者は、こちらの望むことをやってくれるのです。それをしないということは、「自分たちの判断、自分たちの常識でやってください」と宣言していることになります。

外注業者に対する依頼と同じことを、管理者にも行う必要があります。それが、会社の中核を担う役割であればなおさらです。しかし、残念ながら、多くの会社では、管理者に対し、明確な依頼があるわけでもなく、そのための打合わせの時間も設けられることもありません。役職につけたら、「わかるでしょう」という状態で、就任させています。当然、書面もありません。これでは、社長の期待どおりに役目を果たすことは無理なのです。その結果、管理者は、今までどおり、目の前の締切の迫る「作業」を、真面目に続けることになります。

管理者の役目とは、大きくは２つになります。１つは、部門の目標の達成。そして、もう１つが業務の改善です。その部門に与えられた目標を達成すること、そして、業務をさらに効率よくするために改善に取り組むことが、管理者に与えられた任務になります。

この２つを軸として、他に、報連相について期待することや、部下の育成についての依頼などもすることになります。そして、その依頼があり、その実施状況に対し、初めて評価をすることができるのです。できていない項目があれば、再度期待することを伝え、修正をしてもらいます。その繰り返しで、社長は、管理者を「よい外注業者」に育てることができるのです。

管理者が機能しない原因の２つ目は、「業務が見えるようになっていない」ことです。案件の流れや情報が決められた場所にあり、「目で見える」状態にあるからこそ、管理することができるのです。

個人が案件を抱え、情報がどこにあるかわからないため、「進んでいるか、遅れているかわからない」、「休むとその業務を誰も代われない」という状態では、管理者にやる気も能力もあったとしても、管理することは無理となります。

そして、3つ目は、「その業務の基準が明確になっていない」からです。

「管理」という言葉の意味を調べると、「ある規準などから外れないよう、全体を統制すること」とあります。この「ある規準」が明確になっているからこそ、それに照らし合わせて管理をすることができるのです。

どんなモノでも、それが良品なのか、悪品なのか、基準がないと判別ができません。

建設や製造の現場では、作業員がその合否が判定できるように、寸法を明記したり、写真やサンプルを準備したりして基準を設けます。そして、その結果として、管理者は、その基準を伝え、それを基準にして指摘することができるのです。

これは、態度に対しても同じことがいえます。「ラジオ体操は、キビキビしっかり行うこと」、「高所作業時には、絶対に安全帯を身につけること」、「資材を置く際には、水平直角に」という基準があるからこそ、指導ができるのです。

もし、これらがない状態で、管理者の役目を全うしている管理者がいれば、「自分が基準であるとはっきり断言できる」優秀な人材ということになります。それとも、自信過剰な人だけです。

基準がなければ、大学卒業したばかりのゼネコンの職員が、強面の職人や親ほどの年齢の人に対し、何も言えないのです。

世の学校の先生でさえも、その「基準」がないと、生徒を指導することも評価することもできません。あくまでも国やその学校として、決められた方針や基準があるからなのです。そして、その実施状況から評価し、面談や通知表により、本人と親にフィードバックします。それにより、本人と親は、今後の成長の指針を得て、「正しく」成長することができるのです。

T社長は、早速、管理者に対する期待を書面にまとめ、面談を行いました。そして、その進捗を確認するために、月に1度のペースで面談を行いました。その結果、2名の管理者は明らかに動きがよくなってきました。

物静かなコツコツ型のB氏は、部下や外注業者に対しても、はっきり要望や指摘などが言えるようになりました。おとなしいB氏には、特に基準が必要だったのです。

また、指示された課題の解決案を、期限内に社長に持ってきます。社長は、その提案書の内容を見て「しっかり考えているのだなあ」と初めて気づきました。その提案の内容は、社長ではわからない、実務をこなす者だけにわかる現実的で効果の大きいものでした。

社長は、「管理者が力を発揮できるかどうかも、仕組み次第ということですね」との的確な感想を述べていました。

しかし、その一方で、さびしい別れもありました。

管理者A氏は、B氏とは打って変わって、明るく外交的な性格です。そのため、外注業者やゼネコン担当者からのウケもよく、交友は広いものがありました。

しかし、社長から依頼された目標達成や改善に対する取組みが遅れがちでした。

それどころか、「できない」ことがわかりました。今までは、期待も明確でない、業務も見えない、基準がないために、その管理者の仕事を測ることができなかったのです。

しかし、それが明るみになりわかったことは、「考える業務が苦手であること」でした。決められた作業をこなすこと、業者を呼んでの打合わせはできます。そして、現場において、その経験でこなすこともできます。しかし、それを仕組みにするという発想ができません。問題の解決の発想が、すぐに「誰々が悪い」や「本気でやれば…」という属人的なものに戻るのです。

また、会社として決められたことが一番できないのも、管理者A氏という状態になってしまいました。全社的にほぼ解消されている「社用車の中が汚い」、「書類の提出が遅れる」という問題が、その管理者A氏だけができていない状態です。

それでも、社長は、粘り強く定期的な面談を続けました。そして、徐々にそのA氏もよくなってきました。

そう思っていた矢先、A氏より辞表が提出されました。

学生時代から、1社目の就職、そして、退職し、創業までずっと一緒でした。大雨の中での雨合羽を着ての作業も、夜を徹しての作業も、1度や2度ではありません。厳しいときを、一緒に乗り越えてきました。そして、この規模になり、経営幹部として変わってもらうために、高額な研修にも参加してもらいました。そんな、今まで一緒にやってきた「連れ」から、別れを告げられたのです。

T社長、これには大変ショックを受けていました。その理由を問い質すと、A氏はこう言ったそうです。

「昔のほうが楽しかった」と。「社長と数名で、現場で汗を流し、一生懸命やっていた頃のほうがよかった。今は、社長も会社の雰囲気も変わってしまった」との言葉でした。

T社長は、そういうA氏の想いを、それまでも感じなかったわけではないのです。

しかし、機会がある度に、仕組みや組織の整備の大切さを説いてきたつもりです。また、会社としてのビジョンとこれからの大きな展開も話してきました。そして、売上も大きく伸び、社員数も倍増できました。管理者の給与も大きく増やすことをしたばかりです。

その理由を聴いた社長は、「これは引き留めることはできない。また、彼の幸せのためにも引き留めるべきではない」と答えを出したのでした。

T社長は、送別会を開き、多めの退職金を出して、A氏を送り出しました。

2　社長不在でも成長を続ける組織をつくるポイント

組織のレベルを測る４つの基準、今自社はどの段階か

年商10億円の規模になるため、また、年商10億円の規模になったときには、各部がしっかりその

「分業」の機能を発揮することが必要です。当然、その分業のレベルは、「ただ作業をこなす」だけではいけません。

年商数億円の頃のように、社長1人のパワーや能力で引っ張るには限界があります。社内で、社長1人が「頭を使っている状態」や、「指示を出さないと動かない」という状態ではいけません。

この先に進むためには、組織が組織として機能することが重要になります。

その結果、「安定した商品（サービス）を提供し、顧客を満足させ、売上を得ていること」、そして、「社長の描いた経営計画の実現のために、行動し、成長を続ける組織」である必要があります。

本章の後半では、組織の機能およびそのレベルを測る基準を紹介します。そして、その機能を得るために必要な構築すべき要素について、ご説明をします。

その機能とは、大きく次の4つとなります。この4つの基準と自社の現状を比較することで、現在の組織レベルを判別することができます。

- **機能1（レベル1）**＝「決められた手順」を守り、最低限の通常の業務が回る。
- **機能2（レベル2）**＝現場が考え、「目的や状況に応じて判断」し、対応できる。
- **機能3（レベル3）**＝各部門が、継続的に「業務を改善」し、それを仕組みやマニュアルなどに残している。
- **機能4（レベル4）**＝与えられた「目標の達成」のために、各部門が取り組んでいる。進捗の確認と修正のサイクルが回っている。

これらの機能を持たないと、それぞれを原因とした問題が現れます。

機能1の「決められた作業」ができていない組織とは、日常、業務が仕組みとして流されていない状況です。「行う手順が決まっていない」、「業務の流れが不明確」、「業務が属人的」、そのため、「業務量が増えれば混乱する」、「商品（サービス）の質にバラツキが大きい」という問題が起きます。

この状態に対しては、第3章でご説明したバトンリレーの設計やマニュアル化などの取組みを行うことになります。

そして、機能1の「決められた作業」はできているが、機能2の「判断する業務」ができていない組織では、次の現象が起きます。

「お客様からの要望などでイレギュラーな対応が必要」だったり、「資材の発注業務など判断が必要だったりする業務」で、自分たちでは判断せず、「すぐに指示を上司に求めること」になります。

年商数億円の規模では、その上司とは、社長や一部の優秀な社員になります。そのため、その人材は、社内でも社外でも頻繁に指示を出すことになり、携帯電話を手放せなくなります。

この状況にスタッフも慣れきっていることが多く、「わからないことがあれば訊く」ということが常態化しています。

これに対しては、その業務の目的や範囲など、判断の基準となる方針書を出すことになります。

そして、その判断を経験させ、時に修正し、精度を高めていく取組みが必要になります。

また、マニュアルには、その作業の意図や目的を記載することで、現場は自分たちで考えたり、応用したりすることができるようになります。よく「マニュアル的な対応」と批判が上げられますが、それは、マニュアルの作業手順が先行し、その目的や意図が落とし込まれていないために起こる現象です。

この機能1と機能2が、現場力を決めることになります。通常の事務や製造などのルーチン業務には、機能1が特に有効です。また、サービス的な要素の多い業務では、スタッフの柔軟で相手を思いやる対応が勝負となるため、機能2が必要になります。

また、この現場機能を、組織的に大まかに2層で分けて考えることも可能です。

現場層や新人は、まずは「決まったことをしっかり回す」という機能1をこなすことが役割です。そして、現場のスタッフリーダーや熟練者が、「判断し指示を出す」という役割になります。

そして、次の機能3と機能4が、管理者層が主となり推進する業務となります。

機能3とは、「仕組みの改善」を指します。管理者が中心となり、各部門が受け持つ業務の改善に取り組みます。

例えば、営業部であれば、「営業管理の仕組みを導入すること」や、「提案書のフォーマットをリニューアルする」、製造部であれば、「設備のレイアウト変更」や「在庫管理の仕組み」、「車両のメンテナンスのルールづくり」などがあげられます。

当然、現場リーダー層やスタッフにも、改善などの業務を割り振りますが、その推進をするのは、やはり管理者になります。管理者が、その改善する目標を部下に割り振り、その解決の大まかな方針を示します。その上で、具体的にその検討の方法やスケジュールを確認しない限り、進むことはありません。

改善活動を永続的に行うことにより、現場での業務はさらに生産性を上げることになります。そして、会社は毎年強靭になっていきます。

これを持たない会社は、社長や一部の優秀な社員のみが、考え続けることになり、頭はパンパンで気が休まらない日々を送ることになります。また、問題に対する対策は、対処的なものとなり、根本的な解決がされないために、時間が経過すると再発することになります。

そして、機能4の「目標の達成」は、各部門が与えられた目標達成のために邁進する状態です。管理者は、自部門の目標達成のために、その目標を小さい目標に分割し、再度方針を示します。部下の能力や仕事量を考え、各部下に割り振り、行動レベルまで落とします。そして、その進捗を確認し、必要であれば修正をします。

各部が受け持つ目標を達成することで、会社全体として、その成果と、その成長を得ることができます。この機能がなければ、経営計画は進まないことになります。

また、第1章で紹介したように、４拠点で停滞する理由と同様に、会社としての緊張感や新鮮さも保てなくなります。部門も社員も、目標達成や改善に向けて頑張る状況にあって初めて、現状維持ができるのです。

目標に対する活動がない部門では、全体に閉塞感が出て、チームとして一体感を得られることはありません。そして、この進歩のない状態に、「若く優秀な、考えられる人材が不満を持つ」ことになります。たまに優秀な人材が全く不在な会社があります。それは、進展のない会社に見切りをつけて、その多くが立ち去った結果であることが予測されます。

世にいう「組織の壁」、「年商○億の壁」の正体

管理者層の役目は、「仕組みの改善」と「目標の達成」です。この2つの業務を、管理者が中心となり、各部門が担うことで、会社全体がスピードを持って成長することができます。

もし、各部門が、この役目を担うことがない、すなわち、機能の3と4を持たないのであれば、社長や一部の優秀な社員が、考える業務のすべてを担うことになります。

そのような組織では、問題が起きると、各部門が、「打ち上げる」ことをします。そして、自らは考えることも、解決策を提案することもありません。

その打ち上げられたものを、社長と一部の優秀な社員が、キャッチし自分の仕事として抱えることになります。そして、その解決策という具体的な指示とその進捗の確認があって、やっと動くという状態になります。こんなおかしな状態がまかり通ってしまうのです。

各部門は、各部門が受け持つ業務において、課題を発見し、考え、提案し、業務の改善を続ける必要があります。また、部門の目標に対し、実行と進捗の確認を行い、その実現に邁進することが必要です。これこそが組織の力となります。そのキーマンとなるのは、各部の長となります。

しかし、この重要な認識を正しく持っている会社は、ほとんどありません。部長や課長に対し、達成してほしい目標や改善テーマを、社長がしっかり依頼することが必要になります。

これらの機能が各部門にないことは、管理者当人の知識や意識に問題があるのではなく、その仕組みがないことが原因であることを、再度確認しておきます。

そして、そのような組織的な機能がない事業では、必ず「展開の段階」で停滞することになります。この展開を支えるのが、「年商10億円売る事業モデル」、「年商10億円をさばく分業」、そして、「10億円、20億円と成長する組織」となります。

これらの基盤を開発段階でつくっておく必要があります。

その1つでもできていないと、それが全体の足枷になります。そのような会社は、再度その基盤を構築することで、その後大きな飛躍が可能となります。

経営の世界で頻繁に登場する言葉に、「組織の壁」や「年商○億円の壁」というものがあります。これは「ある規模になると、壁にぶつかったように成長が止まる」という現象を表した言葉です。これについては、「これらの仕組みがないということが原因」とだけ最後につけ加えておきます。

年商2、3億円で止まる事業は、「売る事業モデル」に問題があることが多くあります。これこそ、年商2、3億円に適した事業を行っているといえます。

この状態で、「分業」や「成長組織」ができていたとしても、飛躍はできません。何としても、「強い事業」、「クリエイティヴをなくす」、「手間に見合った単価」という「年商10億円売る事業モデル」

への変革が必要になります。

ただし、そのときには、現在の事業を元にして考えることが必要です。社長がまだ推進役であり、資源も乏しいため、まずは、「今の商品（サービス）はそのままで、売り先や見せ方を変えること」を優先して考えます。

そして、年商5～8億円で止まる事業は、充分に年商10億円にいくポテンシャルを持っているといえます。「売る事業モデル」の何かが欠けているのと、「分業」と「成長組織」に大きな問題があります。

分業や組織については、それなりの形はつくれているものの、組織として「神経が繋がっていない」状態であり、全体にスピード感がなくなっているケースが多くあります。再度、本当に必要な要素を組み直すことで、数年で年商10億円を超えることができます。

食品メーカーK社　「人間関係が悪いので、コミュニケーション研修？」

K社は、野菜などの農産物を加工し、販売する食品メーカーです。正社員8名、女性を主にパート40名。経営者団体主催のセミナー終了後、K社長が私の側にこられ、次のように話しかけられました。

「女性スタッフばかりの職場で、人間関係が悪く、退職者が多く出ています。そこで、対策として、コミュニケーション研修や懇親会を定期的に開催しています。今日、本当の原因は、仕組みがないことだとわかりました」。

　仕組みづくりの順番は、「まずは業務の流れをつくり、そして、その1つひとつの業務の基準を明確にすること」です。

　農作物を搬入し、洗浄し、カットするというその生産ラインの流れの中に、よく滞留を起こす工程がありました。その滞留により、その日の生産計画が狂うこともしばしば起きています。

　滞留が起きそうなときには、その解消のために、一時的に人の応援が必要になります。その応援を呼ぶ際のルールは、「滞留しそうなら呼ぶ」、「空いている人が助けに行く」という曖昧なものでした。

　そこで、仕組みとして、応援を呼ぶボタンを設置しました。また、その応援を呼ぶときの基準の量がすぐに判断できるように、目印のラインを引きました。これにより、応援を呼ぶ心理的な抵抗を失くすことができました。

　その仕組みをつくるまでは、応援を呼ぶのに、少し大きな声を出す必要がありました。また、他のポジションも忙しいだろうという想いもあり、応援を呼ぶことを躊躇していたのです。そして、自分たちだけで何とか乗り越えようと頑張っているうちに、全体の製造ラインを止めるほどの滞留が発生していました。

　そのとき、このポジションにつくスタッフの心の中では、「なぜ気づいてくれないの？」という周囲を責めるものが芽生えていました。また、周囲も、「なぜもっと早く呼ばないの？」という状態になっていました。このポジションにつくことを辞退するスタッフが多いことも、その取組みのときに判明したことです。

K社長は、言いました。

「あの人は気が利かない、という理由で人間関係が悪くなっていました。これは、気が利かないのではなく、仕組みがないことが原因だったと気づきました。スタッフの皆さんには、申し訳ない想いで一杯です」。

現状の業務の流れや資材の置き場が、全員にわかるように、ボードをつくり、工場内に掲示しました。また、それぞれのポジションについて、作業の定義や基準となるマニュアルを作成しました。合わせて、職場のマナーや望ましい態度などの作成も行いました。

K社長からは、「女性は、自分たちでルールをつくったり、役割分担を決めたりするのが苦手な傾向があります。彼女たちに意見を出してもらい、私が決定することで進めました」と、スタッフを巻き込んで作成する際の、注意点を聴かせていただきました。

そして、その作成の過程の中で、「人材」を見つけることができました。仕組みの改善やマニュアルづくりのために、各部門や課で意見を出すように依頼をします。その際に、考えている人と考えていない人が明確になっていきました。

K社長は、「今まで、生産ラインのスタッフの方が、こんなに考えているとは正直思っていませんでした。そして、女性パートの中にも、優秀な方が多いことに驚きました」と、認識を新たにしたとのことです。その後、その中から職場のリーダーを任命しました。

人の頭は、文章になっているものを見れば、それに対して「考える」ようにできています。１つの作業に対しマニュアルがあれば、それに対しＹＥＳかＮＯの意見を言ったり、その補足をしたりすることはできます。実は、文章になっていないことが、「意見が出ない」、「意見が出せない」、最大の原因となります。

加えて、その議論のときのチームの意識は、その文章化された紙に向かうことになります。これが、書面のない場合には、「○○さんができていないという批判」や「○○さんへの反対意見」という具合に、「人」に向かいやすくなります。特に、女性の多い職場では、紙に業務の内容を落とし、それについて意見を言ってもらうことが非常に有効となります。

文章がなく、「意見がほしい」と伝えても、出てくることはありません。「言い難いという想い」や「人の気持ちへの配慮」を優先し、多くが口を閉ざします。その結果、言われたことだけをやっていればよいというような状態になります。例え、頭の中には、改善案があったとしても、口を閉ざすことになります。

人の成長するところに会社の成長がある

また、一部の人がその業務のやり方やコツ、権限などを持っているのであれば、誰もそれに対して口を出せなくなります。その結果、その職場の古株や声の大きい人が、いい、ボス化するという状態になります。そして、その人に新人の教育係などの役目を任命することで、さらにその流れを助長することになります。

K社長曰く、「古くからのスタッフにも、嫌われ役という大変な思いをさせていました」。基準がないために、指導する基準が彼女たち自身にならざるを得なかったのです。

その取組みによって、職場の雰囲気は、格段によくなりました。また、工場の各所では改善が進み、作業効率も向上しました。そして、不本意な退職者も出なくなりました。

新人パートに対し、中堅のパートがトレーナー担当につく制度もつくりました。マニュアルなどのテキストがあることで、その多くが快く受けてもらえます。

また、これにより、新人パートに安心して仕事を覚えられる状態を提供できるようになり、入社1か月以内での退職もほとんどなくなりました。

各部門では、毎月、業務改善やマニュアルの見直しのテーマを決めて取り組んでいます。そのマニュアルの更新なども、女性パートが中心で行っています。

その後、半年に1度の全スタッフとの定期面談の場で、社長は、数名の方から「休みやすくなりました。ありがとうございます」とお礼を言われることになりました。今では、どのポジションの業務でも、複数の人ができる状態になっています。

子供の行事や急な家族の病気などで、早退や休まざるを得ない女性パートには、「言い出しやすい」ということは、非常に重要なことなのです。今までの「言い出し難い」ことも、退職率を高める大きな要因だったのです。

短時間労働者や女性の活用というテーマには、就業規則だけではなく、その働き方を支える仕組みづくりが必要となります。

このように、「会社の成長」と「人の成長」は、切って考えられるものではありません。人が成長するところに会社の成長があり、会社の成長するところに人の成長があるのです。これは、一緒に考え、構築することが必要となります。

第5章では、「人材育成」についてご説明をします。

まとめ

・大きなビルの建設同様に、事業にも事業設計書が必要。完成に向けての計画を立てる。その書面を持って、「各部に対し実行と実現を依頼する」、「その進捗を確認し、修正を行う」。これにより、社長の描く構想は、現実のものとなる。
・これらのものがあって、初めて「社員が、創造力や自主性を発揮できる」、「チームワークが機能する」、そして、「社員は自社と自分の将来に希望が持てる」。
・管理者を機能させる3のつ条件は、「管理者本人が何を期待されているのかわかっている」、「業務が見えるようになっている」、「その業務に明確な基準がある」こと。
・マニュアルにより、決まった業務を安定してできるようにする。プラス、方針書により、現場が相手や状況に応じて判断することができるようにする。

・各部門が、与えられた目標を達成するために、考え行動していること。また、課題を発見し、その改善を続けること。その状態を生む、仕組みをつくる。

第5章

人材の自動戦力化こそ、成長を続ける組織づくり

1　採用後、いかに短期で稼げるようにするか

間違った考え、間違った態度の社員を量産している現状

T社では、急激に増える売上に対応するために、採用を増やしていました。

社員、作業員、運転手、すべてが不足していました。「10億円売る事業モデル」、「10億円こなす分業」、「成長組織」という基盤が出来上がり、1つひとつが回り始めていました。その運用とともに、改良も進み、徐々に会社に定着してくるのを実感できています。

T社長から、採用した社員の教育についての相談がありました。教育のために外部の研修を活用しようかとも考えましたが、どうもそうではないという思いもあり、踏み切れずにいました。

「今までは、社員数も少なく、徐々に増やしてきたので、私や管理者が見ることができました。しかし、今のように急激に人数が増えると、しっかりと会社の考え方などが伝わっているとは思えません。また、私自身が、昔のように1人ひとりの社員と関係を持つこともできません。社内によくわからない者がいるようで不安もあります」。

これは、会社が大きくなるときに、多くの経営者が感じることです。

全社員数が10名ぐらいの規模までは、その新入社員もすべての社員も見える範囲にいました。そ

して、その新人にいろいろ業務を教えるのは、社長本人だったり、信頼がおける社員に任せたりすることができました。

そして、その社員は、社長の見えるところで作業をしており、その様子からその社員の能力や人間性も確認することができます。また、その社員からも、社長の言動や指示の内容が側で見えるために、自然と社長の考え方を知ることもできました。

それが、社員数が増え、部門に分かれると、各社員がどういう人間で、育成がどう進んでいるのかが把握できなくなります。社長も昔のように、その新入社員と話す機会もほとんどなくなります。そして、そのときに入る社員にとっては、すでに社員数十名の会社の社長ですから、そう簡単に話しかけられない遠い存在となっています。

そして、その新人の育成担当者には、職場の先輩が選ばれることになります。

この先輩が、社長や会社の考えと一緒であれば、その新人は期待するとおりのことを教わり、それらのことを理解して育っていきます。もし、異なっていれば、大変なことになります。社長や会社が間違っていると考えていることが、そのまま伝わることになります。結果、間違った考えの社員、間違った態度の社員を、増やすことになります。

実際、T社では、今までも、多くの人の入れ替わりがありました。そして、その度に、間違ったことが、正しいこととして伝えられてきたのです。そして、それを指摘する人もいませんでした。「会社に来た外部の人に挨拶はしない」、「服装は汚れていてもよい」、「上司に呼ばれても返事をしない」、

「ヘルメットはあご紐をしない」と伝えられた結果が、今の状態なのです。

社長や会社が期待するものが、「外部の人を見かけたら、誰にでも元気に挨拶する」、「上司に呼ばれたら、ハイと元気に返事をする」、「あご紐は常にする」というものであれば、それをしっかり伝えなければいけません。

そのためには、その育成担当の社員が、少なくとも正しく理解しておく必要があります。また、そこで働く先輩や管理者も、完璧とはいえなくとも、ある程度はできている状態にしておく必要があります。

例え、その育成担当者がとても優秀な社員であったとしても、社長や会社の期待を正しく完璧に理解していることはあり得ません。

社長が考える、わが社が考える「よい」というものを、まずは、その育成担当者に「正しく」伝える必要があります。これは、「営業担当が、顧客に対して商品を正しく説明できる」のと同じ状態にするということです。

育成担当者は、誰もが同じ内容を新入社員に説明できなければいけません。

その手段の代表格が、マニュアルになります。マニュアルという紙に、その会社としてのよいこと、正しいことをまとめ、それを使って伝えるしか方法はありません。

そのマニュアルによって、その育成担当者と、わが社の「よい社員像」「よい考え方」「よい態度」「よい品質」など、すべてを一致させるのです。

そして、それを持って育成担当者に依頼します。そのマニュアルをテキストにして、その育成担当者は、新入社員に対し説明します。それにより、初めてその育成担当の社員は、「よい」ことを正しく伝えることができるのです。

それにより、この先入ってくる社員全員が、同じ説明を受け、会社全体としての「質」が整ってきます。

マニュアルとは最速最短を実現する社長の武器！

この考え方は、第４章でご説明した管理者を機能させるための条件と一緒です。基準があるから、指導できるのです。基準があるからこそ、自信を持って指摘もできます。そして、基準があるからこそ、安定した商品（サービス）を顧客に提供できるのです。

サービス業であるT社にとって、社員こそが、社員の態度こそが商品です。

「お客様であるゼネコンの方が、来社されたときに、元気に挨拶できる」ことで、コミュニケーションが取れる会社であることをわかってもらえます。そして、「きちんとしたマナーでお茶を出す」ことで、細かいところまで会社として指導していることを感じてもらえます。「駐車場の車両の止め方、事務所の整理整頓状況」を見れば、管理が徹底されていることを確認できます。

それらすべてをもって、ゼネコンの方には、狙いどおり「しっかりした会社」としてご理解いただけます。その結果、お客様に「大切な仕事を発注すること」に安心を持っていただけます。

この基準を決め、それをまとめたものがマニュアルです。それにより、自社の考える商品をつくっているのです。そして、その基準を実行し、顧客に満足を提供するのが「社員」なのです。

サービス業においては、社員の態度とは商品であり、そこには品質があるということです。その品質を自由にさせてはいけません。これが製造業であれば、工場の出荷時に品質をチェックし、不良を省くことができます。しかし、サービス型事業では、お客様の目の前でそれはつくられます。マニュアルとは、社長の考えるわが社の商品はどうあるべきか、そして、そのために社員とはどうあるべきかをまとめたものとなります。会社のいたるところ、すべてに、その想いを徹底するのです。

必ず、その想いはあります。

「出社時には、元気な声で挨拶してほしい。それにより、周囲も自分も元気にする」、「社用車の中はいつでもきれいな状態にしておく」という基本のマナーに関すること。

「絶えず改善意識を持って業務に当たること」、「おかしいなと少しでも感じたら、すぐに上司に相談すること」などという心構えに関すること。

設計図面を書く際の決まりや注意事項、打合わせ記録の取り方などの実務に関する手順など、すべてにその会社としての理想とすべきものがあります。

その理想とは、言い換えれば、社長や会社が今まで多くの経験をしてきた結果から、編み出したものです。これこそが、この事業において成果を出すための、最もすぐれた態度であり、心構えであり、実務手順なのです。これこそが、現存する会社における最高のやり方なのです。まさに、会社の財産です。これを、しっかり残し、伝えていくことが必要になります。その中心となるのが、マニュアルです。

マニュアルとは、ただの「作業手順書」という認識では、本質を全く理解しておらず、その価値の多くを活かせられないことになります。マニュアルとは、社長や会社がたくさんの経験から生み出した最高のやり方なのです。

そして、その最高のものを、社員にそのとおりやらせるための指示書なのです。テキストとしても、これ以上に優れたものは、社内どころか世界中探してもありません。

それにより、新入社員は、早く作業ができ、早く正しい態度を身につけることができるようになります。そして、早く成果が出せるようになり、顧客からも褒められます。

もし、これを伝えないということになれば、それはただの見殺しということになります。われわれは、「朝、不機嫌な態度で出社する社員」が、周囲からの信頼を失くすこと、そして、自分自身も気持ちの切り替えができず、仕事の出来に悪影響することを知っています。その結果、彼自身、幸せになれないことを知っているのです。

マニュアルとは、最速最短で社員に定着実行させるための、社長の武器と断言をしておきます。

これにより、社員を短期で戦力化し、実戦で稼げるようにします。これこそが社長の愛であり、多くの社員を幸せにするツールなのです。

「教育」は必要ない!? それ以上に優先すべきこととは

自社に新たに採用をされた社員は、まずは決められたことをしっかりできるようになることが必要です。決められたことができれば、整備された仕組みの上で、すぐにその作業なりの成果を出すことができます。それにより、その新入社員も、早く職場での居場所を得ることになります。

仕事というものは、人に指示を受けてやっている状態では楽しくないものです。また、自分が役に立っていないという状態が、一番居心地が悪いのです。

整備された仕組みがない、訓練の体系がないと、「入社して最初の1週間や1か月での退職率が高い」や「やらせられることがないために、先輩は外回りに行き、新入社員は机で本を読んでいる」という状態が起きます。

事業変革や分業により低度な業務をつくり出す、そして、マニュアルとそれによる訓練という仕組みにより、すぐにできる仕事をつくり出し、入社初期の退職率を下げることができます。そして、その日から成果を生み出せるようになります。

基本が身についてきたら、次の応用の段階に入ることができます。

「判断が必要となる業務」や「状況や相手に合わせて対応する仕事」ができるようにします。クリエイティヴや接客が主となるサービス型事業では、この判断する業務や対応できる業務を社員ができるかどうかが勝負となります。

そのためには、社員を、この2つの過程を経て一人前としていきます。この2つの過程は、明確に区別する必要があります。

先の、決められたこと（作業・態度）ができるようになる過程を「訓練」といいます。後の、状況（目的・相手）に合わせて応用できるようになる過程を「教育」といいます。

まず、訓練により、しっかり基本的な作業や態度を身につけさせます。そして、それができたのち、教育により、考えて応用ができるようになってもらいます。

この順番が重要です。仕事だけではなく、スポーツでも、習い事でも、人が何かを身につけるときには、必ずこの順番になります。

例えば、柔道というスポーツでは、最初は、基本的な受け身や足の使い方、そして、礼儀作法を身につけます。ピアノでは、指の使い方、音符の読み方、そして、やはり礼儀作法を身につけさせます。

この段階では、まだ応用などは関係ありません。

指導者は、きちんとその基本を身につけさせます。その基本ができていないと、この先大きく上達することができないことを知っているからです。基本の徹底、その繰り返しこそに上達があり、その過程により「人」としての基本もできてきます。

そして、数年を経て、基本ができるようになってから、「自分の特徴や強み」や「相手に合わせた戦い方」という応用を自分で考えられるようになります。また、曲をアレンジできるのです。基本ができているからこそできるのです。これは、守破離（しゅはり）という言葉でも表されます。

訓練から教育、この流れが絶対に必要です。基本ができていないうちに、応用もアレンジもありません。

この説明の後、T社長に、質問をさせていただきました。

「御社には、どちらが必要ですか?」。

T社長は、自分の考えをまとめるようにゆっくり言葉にされました。

「入社後、すぐには、訓練制度が必要になります。それにより、できるだけ早くその社員が最低限の業務をできるようにすること。そして、長期的に必要になるのは、教育です。現場で施工管理する者や業務を改善する管理者は、絶対に考えて、応用ができないとダメです」。

採用した社員に、決まったことを教え、まずはそのとおりやってもらうこと、そのための訓練の仕組みが必要です。その基本ができていないと、かえって育つのに時間がかかることになります。そして、いつまでも本人は仕事が面白くありません。

基本が身についてきたら、考える仕事もしっかり与えていくことが必要です。

業務の改善、マニュアルの更新、企画書の作成など、考える仕事を与えることで、考えられるように仕向けていくのです。考えないで済んでしまう状況を許してはいけません。毎日、単調な作業を繰り返すだけでは、その状況に慣れ切って、考えるという力は弱くなります。

また、その本人も、手を動かすことや指示されたことをこなすことが、仕事という意識レベルになり下がります。

訓練と教育、これを区別することが重要です。そして、これを仕組みとして整備し、しっかり運用していく必要があるのです。

2　組織づくりで経営者がやるべきことは

成長組織のサイクル全貌

この打合わせをしているときに、T社長から思わぬ言葉が出てきました。「すみません、今、A氏のことを考えていました」。会社を去った管理者A氏のことです。

創業時から、A氏には、積算や施工など、たくさんの仕事を担ってきてもらいました。しかし、今振り返ると、それは作業ばかりであったと言われます。

何か問題があったり、状況に対しての判断が必要になったりした場合には、そのほとんどを、社長が受け持ってきました。何かが起きると、彼ら管理者は、すぐに社長に電話をかけてきて判断を仰ぎました。社長は、状況を確認し、すぐに指示を出しました。それを社長も「よし」としてきたのです。

そして、その一方で、彼らに対し、「考えることをしない」、「もっと考えてくれ」と不満を漏らしていました。

「今思えば、考えるための方針などの基準も与えていませんでした。そして、考えるような仕事も与えていません。申し訳ないことをしたと思います」。

そして、社長が経営についての勉強を始めた頃、彼らを、外部の研修に行かせ始めました。それでも、ここ数年の会社の変化にいよいよついてこられなくなりました。

もう1人の管理者B氏は、慣れない考えることや書くことに対し辛抱強く取り組んでいます。それでも、「やはりもっと早くからやらせていれば」という思いを持ちます。

A氏は、会社を退職し、小規模な建設会社に就職したことを聞いています。

T社に入社した大学新卒M君で見る、年商10億円ビジネスの人が育つシステム

T社では、人材育成の仕組みの構築を始めました。そして、早速、翌春に、その仕組みを実用化することになりました。

実際にT社に入社した大学新卒M君が経験した流れは、次のとおりです。

いかに1人の人を採用し戦力化するか、そして、いかに「人材」にし、会社の中核を成す管理者とするかの流れをご理解いただければと思います。

また、合わせて、その人が育っていく過程と会社の経営や仕組みがどう関係しているか、その全体をイメージとしてぜひ捉えてください。

現在、M君は、入社して7年ほどが経過しています。それ以降は、今後の予定となります。

建設業への就職を希望するM君は、T社の会社説明会に参加しました。

その会社説明会では、T社長自らが、会社の事業内容から大切にしている価値観、会社のビジョンを話されました。また、T社で求められる社員像などの説明もありました。

数社からも合格通知を受けましたが、M君は、T社を選びました。会社説明会で、しっかりその考え方やビジョンについて、社長が自らの言葉で語っている姿が記憶に残っています。

そして、入社2か月前に、管理部の社員より、入社に向けた手続と、再度、会社の理念や社員に求められる基本的な態度などの説明を受けました。その上で、「この考え方に賛同できるなら、協力してほしい」と伝えられました。

そして、入社をすると、第1日目には、1冊の経営計画書を渡されました。オリエンテーションという形で、その資料を使い、社長より理念とビジョン、そして、事業内容とこれからの方針の説明を受けました。1時間ほどでしたが、このとき、社長から、創業当時の苦労話や現場での凄腕職人のエピソードなど、楽しい話もたくさん聞くことができました。そして、管理部門から、会社の就業規則や制服の取扱い、交通費の精算の仕方など、事務的な説明もありました。

その日の午後には、先輩社員より、T社の社員としての心構えや基本的な態度について、テキストでレクチャーを受けました。後から、このときの講義がこの先輩にとっての、初の講師役であったと聞きました。

数日の研修を終え、工事部に配属されました。マニュアルで基本的な業務のやり方を教わりながら、先輩の補佐として、積算データの入力作業や現場での測量や写真撮影などを行います。

そして、2か月目からは、毎月、簡単な改善提案を5件出すことも仕事に入ってきました。これは、その内容よりも、考えることの習慣づけが狙いであることを後から知りました。

入社半年間は、毎月、部長との面談があり、業務の習得状況の確認と仕事の進め方などに対しアドバイスをもらいます。この半年間で、必要最低限の業務や社会人としての基本を身につけることができました。

そして、その半年間の初期教育期間以降は、1年間に2回という定期に人事評価と面談があります。自分の改善したほうが良いところや期待される役目などのフィードバックをもらえます。管理者から社員、パート、会社に所属するすべての者がその機会を与えられます。

2年目には、マニュアルの改定などの業務も与えられます。毎日の朝礼のやり方と安全協議会の運営マニュアルの改定に取り組みました。そして、そのマニュアルを使って、協力業者と作業員向けの勉強会で講師として説明をしました。

3年目、小さな現場ですが、施工計画の作成を任されました。過去の工事事例などを参考に、フォーマットの書類を埋めていきます。途中、何度も先輩に確認をお願いしました。

そして、3年目の冬に、翌春に入る新入社員の育成担当に任命されました。仕事の心構えや基本的な態度を、マニュアルを使い、自分の経験も踏まえ、新入社員に説明します。この担当を受け持つことで、業務の基本を振り返ることができました。また、先輩社員として、自分が見本にならなければという想いもできました。

社員のやり甲斐、生き甲斐を実現するために経営者がやるべきこと

5年目には、主任に任命されました。そのときには、社長同席のもと、部長から書面をもって、「主任とはどんな役目であるのか」、「どんな成果を期待されているのか」という説明がありました。これにより、ただ単に「作業をすればいいのではないこと」を強く感じました。

そして、経営計画書の部門目標の中の、1つの業務の改善テーマを与えられました。

このテーマについては、経営計画発表会でも、その重要性についての説明がありました。通常の案件も当然しっかりこなして、となります。少し大きなテーマであるため、1年を通じて計画的に行う必要があります。

毎年、必ずそのようなミッションがあり、それも年を追うごとに重要度も難易度も高くなっていきます。時にそのミッションは、部門を越え、他部門や業者と協力して行うこともあります。その取り組んだものは、仕組みやマニュアルという形にして残していきます。

そして、入社10年目、課長になりました。1つの課を受け持つ者として、課の目標の達成が絶対となります。そのために、各部下の能力や仕事量を見ながら、工事案件や細かい業務にして割り振ります。また、改善のテーマも与えます。そして、その進捗を確認し、その対策案や行動計画を一緒に考え、実現していきます。

このときの部下との距離感が重要になります。手を出し過ぎてもいけない、突き放し過ぎてもいけない、「その部下が頑張らなければ達成できない目標」を与え、その達成に向けて頑張らせます。そのために、時に褒めたり、具体的な施策を与えたりします。それにより、部下を育てていきます。そして、その結果、その期の課に与えられた目標を達成することができます。このサイクルを通じて、管理者としての自分も育つことができるのです。

入社20年、ついに部長になりました。部長になると、社長と密に話すことが多くなります。そして、社長からの依頼事項は、会社全体にとって大変重要なものになります。その目標達成の施策や課題の解決策までの提案をも含んでいます。

毎期末には、経営計画書作成のために、社長や他の幹部とともに、数日泊り込みを行います。そこでは、社長から事業戦略と大きな方針の説明を受け、その実現のための具体策を検討します。そして、それを自部門に持ち帰り、部門目標を課目標に割り、大まかな計画を渡します。それを受けて各課は、課としての目標と詳細な実行計画を立てます。そして、その進捗を、毎週毎月確認することで、確実に経営計画を実現させます。

こうして、社長が描く経営計画は実現します。そして、会社は変化を続けることができます。各業務は、改善により、さらに効率を向上していきます。また、それにより、仕組みやマニュアルが更新され、確実に会社のナレッジとして蓄積されます。

その結果、収益をさらに高め、人を新たに採用することができます。さらに、分業し、その効率も専門性も高めることができます。

また、その過程で、人を、実務も人格も兼ね備えたプロフェッショナルとして育てていくことができます。そして、その中から、より管理者として貢献できる人材を選別していきます。

この人が育つサイクルにより、「人」と成り、「人格」を高めることができるのです。この絶えず難しいことに取り組む状態にこそ、仕事のやり甲斐も、その人の成長もあるのです。そして、社員1人当たりの生産性向上とともに、会社全体の給与ベースも上げることができます。

これが、年商10億円事業が持つべき人材育成の仕組みとなります。

人材育成というと、何か特別な研修やプログラムが必要なように感じますが、それはあくまでも補助的なものと考える必要があります。

人は、日々の作業や態度をしっかり繰り返すことで、「人」としての基本ができてきます。これは、子供の躾と同じです。「しっかりとした挨拶をする」、「しっかりとした服装」、「整理整頓をする」、「清掃にはげむ」、「期限を守る」ことで、その形が体に染みつき、よい人間として形成されることになるのです。

そして、「自分が受け持った業務をどうしたらもっと効率よくできるのか」、「お客様からの無理難題をどう解決するのか」ということを考え、それを実行し、また考えて切磋琢磨するところにこそ、「人格」の向上があるのです。

そして、それがプロフェッショナルとしての、自覚と誇りを持つまでになります。その過程を真摯に歩むことで、人は、自分の中に、自分自身への真の自信をつくることができます。そして、そこに強さが生まれ、人へのやさしさが生まれます。

日々の規律のある職場、日々の業務を向上させようという取組みにこそ、その人のやり甲斐も、生き甲斐も生まれるのです。人は、実務の中でこそ磨かれます。

社員の成長が、会社の成長となります。事業もその事業を支える仕組みも成長します。そして、その会社の成長は、会社に新たな課題をもたらします。それが終わることはありません。さらに会社も社員も成長させるのです。だから、成長組織が必要なのです。

会社の仕組みと社員の育成は、別々に考えることはできません。「経営計画を達成するためのPDCAをしっかり回す」、「業務を改善し、マニュアルにまとめる」、「部下にそれを教えること、一人前になるようにサポートする」―この会社の一連の成長のサイクルがあって、初めて人は育つのです。

この仕組み、このサイクルをつくらない限り、会社には何も残らなくなります。

ある人材を採用し、優秀に育ったとしても、その人材が辞めたら、何も残っていません。

また、ある社員を外部の研修に行かせたり、外部講師を呼んで研修をやったりしても、それは一時の効果であり、その瞬間の社員限定となります。そして、時間の経過とともに忘れられ、社員の入れ替りで、失われていきます。毎年、経年劣化をすることになります。

組織の成長のサイクルを持つということは、人材育成のサイクルを持つことも意味します。入社して、若手、中堅、管理者　そして役員と、順を追って育てる仕組みとなります。
それにより、会社という場を、学校のようにし、人を採用し育てることができるのです。
「事業モデル」から「分業」、そして「成長組織」－この一連の構築と、人材育成というものを別のものと考えることはできません。それどころか、同一といってもよいほどの繋がりを持っています。

私が繰り返し述べるのは、すべてが繋がっており、その構築する要素は明確であり、その順番があるということです。年商10億円に行くため、そして、その後も年商20億円、30億円と育つ組織の基盤をつくるべきなのです。

※構築する要素、その順番、事例など参考になる内容を、弊社ウェブサイトに載せております。
株式会社ワイズサービス・コンサルティングHP（http://www.yssc.jp/）もご覧ください。

まとめ

- 人が成長するところに会社の成長があり、会社の成長するところに人の成長がある。
- 仕組みがないと､「間違っていること」が、先輩から後輩に伝えられる。わが社の　よい「社員像」、「考え方、」「態度」、「品質」を定義し、教えることが必要。
- マニュアルとは、最高のテキストであり、最速最短で社員に定着実行させるための「社長の戦略的な武器」である。

・「訓練（手順）」と「教育（目的）」の違いを明確に持つこと。採用した人には、まずは、基本を身につけさせる訓練が必要になる。

・「業務の改善からマニュアルの更新」、「人に教える」、「目標達成のために考え行動する」ことを受け持たせることで、社員を育てる。

・事業モデル、分業、成長組織、そして、人材育成をバラバラで考えてはいけない。繋がっているイメージを持ち、構築を進めること。

第6章

次の成長をつくる、10億円、20億円、30億円への戦略

1 「ヒマになりました」、その後の発展と衰退を分ける道

社風、組織風土は狙ってつくるもの

「今、給与水準の見直しを行っています」。

T社も、この取組みを始めてちょうど3年が経過していました。売上は、当初8億円、その翌期が9億円、翌々期は13億円、今期は18億円の着地予想です。

1年目は、開発段階の期間と考え、売上を求めるのではなく、仕組みづくりを進めました。そのため、大きな伸びはありませんが、スピードを持って内を固めることができました。

そして、2年目以降は、本格的な展開段階に移行したことによって、急成長をすることができました。大きな工事案件となると、見積りから、受注し、実際の着工までの期間が長いため、営業活動は、初めの数か月で仕組みをつくり、開始しています。

年商10億円事業の条件である、「事業モデル」と「分業」と「成長組織」の3つの基盤は、1年目でつくることができました。しかし、それはただの基盤であり、1年経過した段階では、社長が気を緩めればすぐに元に戻ってしまう状態です。

2年目、3年目は、それら1つひとつを確実に運用し、修正を繰り返しています。その運用と修

正を繰り返すことで、社員の意識も社風も変わってきました。

当初、慣れない仕組みやその仕組みという考え方に戸惑いを持っていた社員も、３年も経てば、それがあって当たり前の状態になっています。新しい取組みに対し、「いちいち書くのが手間」と言って強い抵抗感を出していた施工部門が、その恩恵を一番に受け、率先して改善の意見を言うようになりました。

どんな組織でも、変えるということに対しては、抵抗感を持つものです。特に、スタッフ数が多くなればなるほど、それは強くなります。このような改革をするときには、決定は社長が行い、その実行のために意見を聴くという姿勢を貫くことが必要になります。

「手間が増え、業務効率が落ちる」など、それらしい意見が必ず出されます。それに対し社長は、「やらなければ、お客様へ、当社が考えるよい商品（サービス）を提供することはできない。そして、この厳しい環境下で、当社は生き残れなくなる。難しいかもしれないが、実現するために力を貸してくれ」と繰り返すことになります。

全員が理解を示すことなど、絶対にあり得ません。そして、理解ができたからといって、それに前向きに取り組むということもありません。

仕組みというものは、まずは「導入する」、そして修正を繰り返し、それが「当たり前」の状態まで持っていくと考えるのが正しいのです。そのためには、定着するまで、諦めずにその状況を確認することが必要となります。その結果、それが社風や組織風土と呼ばれるものになります。

よく社風や組織風土という言葉は、企業が不祥事を起こした際に、「自分たちは精一杯努力をしたが、その力の前ではどうにもできなかった」というように、その原因として使われます。しかし、それは大きな間違いです。

社風というものは、意思決定された方針や仕組みが徹底され、根づいた結果つくられるものなのです。例えば、「会議の開始時間は守ること！　遅刻厳禁」ということを決め、そのとおりに実行します。すると、指示したことがすぐにできるいつもの社員が、その時間に会議室にやってきます。そして、数名の社員が今までどおりに遅れてきます。

そこを怒る必要がありません、それができるようになるまで、繰り返し「時間を守ってほしい」と依頼をします。そして、全員が習慣として身につくまで行います。

そうやって、すべての決め事は、根づいていきます。決めたからといって、1度でできることなど何1つもありません。そして、それを繰り返すことで、その社員たちには、「約束の時間を守る」という規律が根づいてきます。これが「躾」であり、「訓練」なのです。それが、社風や組織風土と呼ばれるまでのものになります。

何かが決まり、それを方針書やマニュアル、規則などという形にし、周知する。そして、それを仕組みとして運用する。それを徹底することで、社風はつくられるのです。

その根づいたものは、業務のいたるところで活きてきます。「見積りの納期を守る」、「上司からの指示を守る」、「遅れそうなときには相談する」という形で、規律や責任感として拡がっていきます。

そして、その会社に新しく入ってくる社員は、それを当たり前の状態として受け入れ、それに習っていきます。

その状態になると、社員全員の態度や考え方が、会社全体としてきちんと整っていきます。その結果、「御社の社員はしっかりしていますね」や「いい社風ですね」と顧客や来社された方に、お褒めの言葉をいただくことになります。

年商10億円以上の社長が共通して持つ視点とは

この取組みを開始して3年が経過した頃、食事をごちそうになったときのT社長の言葉です。

「この3年間、1つひとつ組み上げることで売上を伸ばすことができました。昔は、大きな工事案件の受注を逃したときや社員の退職に対し一喜一憂をしていました。最近では、それはなくなりました。そういう機会を得ることで、自社をさらに強くすることができると考えています。そういう意味では、一番の成果は私の考え方が変わったということですかね」。

社長の視点、社長の考え方は、事業のステージに合わせ変えていく必要があります。

これも、本書で何度もご説明している「年商10億円事業の条件が先、先にあるからそのとおりになる」という考え方と一緒です。その社長の持つ視点と考え方が、「今の規模に合っているからその規模で安定している」といえます。

社長の視点、社長の考え方を、次に目指すステージに合ったものに進化させることが必要なのです。そして、その視点と考え方を持って、事業の改革に力強く取り組むのです。

事業を起こしたばかりの創業期には、社長の視点や考え方は、「売上をつくる」ことに向かっています。このときには、自分や家族が生活するため、少ないながらも社員の雇用を守るために、精一杯頑張ります。

社長が、第一線でバリバリ作業をこなすことも、生き残るために必要なのです。

そして、そんな多忙な毎日の中から、次を見据え、取り組むことになります。「年商10億円に育つ事業の芽を探す」、そして、「年商10億円をこなす仕組みをつくる」という視点を持ち、少しずつでも構築を進めます。

そのときの社長の視点と考え方は、「売上をつくる」というものから、「売上をつくるための仕組みをつくる」となります。

この段階では、まだ実務の中核が社長自身であることも多く、なかなかそれに時間をつくれないかもしれません。それでも、少しずつ手をつけていきます。それにより、他に使える時間が少しずつつくり出せるようになります。

その一方で、社員も、自分たちでできる業務が増えてきます。また、業務の中心が、自分たちに移ってくることを感じることができます。社員が活躍できる場面が多くなってきます。

これらの取組みを後回しにすると、顧客は社長につき、益々社長は現場を離れられなくなります。また、社員は、いつまでもアシスタント的な業務であるため、第一線で活躍することはできません。

その結果、やり甲斐を感じられないために、数年で会社を去っていくことになります。そして、さらに「売上をつくること」に向けば、もっとその状態を強めることになります。その結果、不良やクレームという混乱状態に陥ることになります。

この「売上をつくるための仕組みをつくる」ことに向かうことで、社長も会社も、次のステージに進むことができます。「いいモノをつくるのではなく、いいモノを安定してつくる仕組みをつくる」、「ヒット商品を生むのではなく、ヒット商品を生み続ける仕組みをつくる」、「人を育てるのではなく、人が育つ仕組みをつくる」という視点と考え方が必要です。

そして、次に取り組むのが、「その売上をつくる仕組みを改善し続ける組織をつくる」ということになります。この段階では、営業部、製造部、開発部、管理部という部門も出来上がっています。組織は、大きくは経営層─管理者層─現場層と3階層になっています。

各部門の横、役職での上下と、役割分担することで、その専門性やスピードを高めることができます。また、各部門は、自部門に与えられた目標達成と仕組みの改善を繰り返します。それにより、変化する顧客の要望に応え、競合他社に勝ち続けることができるのです。

この全体を構築し、連携させることができたときに、本当の意味で「社長は現場を離れること」ができるのです。

「売上をつくる」から「売上をつくるための仕組みをつくる」へ、そして「その売上をつくる仕組みを改善し続ける組織をつくる」ことを進めていきます。

それにより、会社はより大きく展開が可能となります。また、より多くのお客様に自社の商品（サービス）を使っていただき、満足していただくことができます。社員は、そこに仕事のやり甲斐と自己の成長を感じることができます。

そのときには、社員1人当たりの生産性は1，000万円から1，500万円になっており、給与を増やすことができます。

2 社長が「社長本来」の仕事をするとき

T社長が出した「組織って何ですか」の答え

T社長にご質問させていただきました。「組織とは、どんなものかわかりましたか」―私が、T社を最初に訪問をさせていただいたときのT社長からの質問です。

T社長は、「そんなことまで、先生に言いましたか」と笑いながら、次の言葉を述べられました。

「当時、組織とは、もっと厳しいもの、冷たいものと思っていました。そして、何か大きなことを成すためには、自分はもっと社員に厳しくならなければ、とも思っていました。その結果、会社の雰囲気は最悪になっていました。私自身も会社に行きたくないほどでした」。

少し間を置き、気持ちを話されました。

「今は、組織や仕組みというものが、すごくいいものだということはわかりました。当時と比べたら、社員が明るく、前向きに仕事に取り組んでいます。そんな社員の姿を自分の会社で見られることがうれしいです」。

仕組みと組織の基盤が出来上がる頃になると、社長の視点や考え方は、完全に変化を遂げています。私は、この変革のお手伝いさせていただく過程で、社長の言動が変わってくるのを日々目の当たりにしています。

社員のミスに対し、怒ることはありません。そのミスが起きるのは、仕組みが原因と考えます。その再発防止のために、その社員と一緒に業務フローや帳票のフォームを見直します。

社員が業務の判断を求めてきます。そういうときには「ごめんごめん、それ決めてなかったね」と言い、その業務に関する方針書を出すことをします。

新入社員の育ちが遅い、そんなときには育成プログラムの内容を見直します。人を育てるのではなく、人が育つ仕組みに着目します。

アルバイトに不適切な言動が見られました。その担当者に伝え、マニュアルへの記載と全体への周知を依頼します。

これらは、すべて「年商10億円以上の経営者が共通して持つ」考え方であり、視点です。そこには、人に対する怒りも落胆もありません。もっとよい仕事をするために、一緒に仕組みをよくしていこうと考え、行動するだけです。

また、より社員が活躍できるようにするにはどうしたらいいのか、この先入ってくる社員が活躍できるようにするにはどうしたらいいかを考えます。

そこにこそ、社長として、社員やその社員の人生に対する、誠実さがあります。

倒産させない、益々飛躍させる社長の日々の過ごし方

そして、この段階になると、どの社長からも共通して聞かれる言葉があります。それは、「ヒマになりました」というものです。

通常の業務については、完全に仕組みで回っています。そして、各目標や改善については、部長を中心とした管理者と定期的に打合わせをし、進捗の確認と指示をすることで進んでいきます。そのため、社長は、日常的に「社内」にやることはなくなります。

T社長も、この時期に、念願の海外旅行にご家族で行かれています。創業当時にご結婚された奥様とは、このときまでに国内旅行が1回しかありませんでした。

「妻も大変喜んでくれました」と帰国後に日に焼けた顔でご挨拶をいただきました。また、その旅行の間、携帯電話は小さな要件以外鳴らなかったとのことです。

この、ヒマになってからの社長の時間の使い方が、非常に重要になります。

これからの時間の使い方は、大きく3つあります。この社長の時間の使い方こそが、次の会社の成長はもちろんのこと、会社の永続を支えるものになります。

多くの会社が、この『ヒマ』の使い方を間違い、崩壊に向かうといっても過言ではありません。言い換えれば、社長がこれさえやっていれば、会社はつぶれることはありません。

この段階になると、組織の階層が増え、分業が進むことで、現場の状態が急激につかめなくなります。特に、今までよくも悪くも現場の近くにいた社長が、組織化することで、現場との距離を置くことになります。

そのため、「意識的に現場を確認する」という、行動と仕組みを持つ必要があります。

１つ目は、「自社のサービスが、狙いどおり提供されているかを確認すること」となります。

客として、レストランに食事に行った際に、不愉快な体験をしたことは誰にでもあるはずです。「トイレが汚れている」、「蛍光灯が暗い」、「接客態度が悪い」など。そして、そのときに、「この店の社長は、この状態を知っているのだろうか」と思います。そして、不愉快な印象を持ったこの店を、もう2度と使うことはありません。

それを防ぐために、また、そのような事態を一時でも早く知るための取組みが必要になります。

飲食業では、顧客アンケートを取ったり、覆面調査を依頼したりします。ＷＥＢ上に評価レビューを書き込めるようになり、レストランや店舗型の事業を営む経営者にとっては「ある意味」非常によい時代になりました。

法人取引では、自社のサービスの品質を察知することは、より難しくなります。

社員は、社長がどんな情報を求めているかを理解できません。「どんな情報がほしいのか」しっかり伝える必要があります。また、人というものは、自分を守るようにできています。そのため、自分の不都合やミスなどは隠したり、見ないふりをしたりします。その結果、お客様からの要望やクレームが、社長には届かなくなります。

そのため、社長は、自ら定期的にお客様を訪問し、自社のサービスの評価や営業担当の対応状況などを確認することが必要になります。アンケート方式では、本当に怒っている場合にしか書いてくれません。直接会って話をするからこそ、いろいろな要望や自社へのアドバイスをいただけるのです。

それらの結果を受けて、自社の商品（サービス）とその提供する仕組みを再度見直すことができます。ここで、その社員を責めるだけでは、何の解決にもなりません。

それにより、自社のサービスの劣化を防ぎ、既存顧客の流出を止めることができます。この既存顧客の満足度の確認という取組みなしに、さらに集客にお金をかけることは、あまりにも無駄が多過ぎます。

特に、価値を提供している事業をやっているからこそ、確認が重要になります。製造業のように、工場出荷時に品質を確認できません。顧客がこちらの狙いどおり、提供された商品（サービス）に満足ができて、初めて品質は保たれたことになります。

「自社の商品（サービス）が社長の狙いどおり提供できているかを確認する」とは、あまりにも当然すぎることを書いているようですが、設備設計のN社でもあったように、多くの会社ではその確認ができていません。目に見えるモノに引っ張られるために、価値を提供していることを忘れがちになります。また、その確認に緊急性がないため、どうしてもやらなくなってしまうのです。

そのためにも、社長には、「自由な時間」が必要なのです。

２つ目は、「顧客の変化をいち早く察知すること」です。

よく経営計画書の中には、環境分析の項目があります。その中でも、自社に一番の影響を与える環境の要因とは、「お客様の変化」です。

会社が栄えるかどうかは、この「お客様の変化」を満たせるかどうかにかかっています。

お客様の要望の変化についていけない、または、ライバル企業や他の商品の評価が高い場合に、売上が落ちるのです。

このお客様の要望やその変化を捉えるには、お客様を観て、お客様の声を聴くことが一番有効です。そして、他の業界や先進企業の取組みを参考にすることで、アイデアを搾り出すしかありません。社長自らが「外」に出て、それを体感することでしか、次の事業のネタを得ることは絶対にできません。

ある飲食店の社長は、「自社のサービスの確認」と「顧客の変化を察知」するために、定期的に自分に課している業務があります。それは、自社の店舗の外で、食事を終えられたお客様を捕まえ、サービスや食事など気になったことがないかを聞き取るということです。

店を出ると声をかけてくる男性に、お客様は驚かれるのですが、社長という身分とその目的を伝えると、しっかりお話をしていただけます。

それも、つい今のことだから、「呼んでも来ない」、「足元が寒い」、「スタッフが歩くと、振動が椅子に伝わる」という、自分たちでは気づけない意見をたくさんいただけます。

そして、まだ時間があるようなら、「どうやって当店を知りましたか」、「どこと比べましたか」というように、そのときに気になっていることも聞きます。当の社長は、「これほど正確な市場調査はありませんよ」と述べています。ただ、これをやり始めた当初は、お客様が怖くて仕方がなかったそうです。

法人取引の場合には、直接訪問し、その会社の長期の方針や目標、自社への要望など、いろいろ聴かせていただくことになります。

ですから、社長は、2種類の訪問目的を持つことになります。

1つは、「自社のサービスが狙いどおり提供できているかを確認するため」に、担当者やその上司を訪問します。そしてもう1つは、「お客様の変化をいち早く察知するため」に、できるだけ上位の役職者を訪問することになります。

そして、ライバル企業の動向も、そのお客様訪問時に聴くようにします。どれだけのことを聞かせていただけるかは、その会社やその人との関係性次第だといえます。

今の時代は、同業者だけがライバルとは限りません。例えば、自動車産業では、軽量化やコストダウンが追求されています。そのために、鉄部品（鋳造品）がアルミ部品に置き換わったり、金属の切削加工品がプレス加工に置き換わったりしています。

同業者はマークすることができても、他の業界はマークしきれないのです。気づいたときには、自社は狙い撃ちにされて、全部ひっくり返されることになります。

分業化と階層化は、組織の生産性を飛躍的に高めますが、その一方で、「会社の存在を左右する最も重要な情報が社長に入らなくなる」という大きな危険要素を持つことになります。

前述の「自社のサービスの確認」も、「顧客の変化の察知」も、自社の業績に最も大きな影響を与える要因です。それどころか、自社の存続を決定づけるものとなります。

会社というものは、社員の犯すミスや社員の能力が低いことでつぶれることはありません。会社がつぶれるのは、「よい顧客」に「よい商品（サービス）」を提供できなくなったときです。

これは、これからもずっと社長の一番の関心事になります。

そして３つ目は、「新規事業の芽を探す」となります。第1章で詳しく説明をしました開発と展開でいう「開発」に当たります。

現在の稼ぎを出している事業は、展開の段階にあります。その展開が回り、利益を出している間に、次の事業を立ち上げるか、今の事業を大きく改革する必要があります。

新規事業というものは、実際に収益を上げ出すのに、早くても3年はかかるものです。また、それが、実際に立ち上がるかどうかもわからないものです。だからこそ、今の事業が儲かっているうちに、手をつけておく必要があります。収益が悪化した後では、何も手をつけられなくなります。

店舗型ビジネスは、全国に店舗を展開し尽すと、その成長は当然頭打ちになります。また、その事業モデルの競合がすぐに現れます。そのため、各店舗での業績の悪化が始まります。その低下を食い止め、さらによくするために、メニューの改良や店のパッケージの見直しの取組みは、絶対に必要になります。

それをしながらも、次の事業モデルを試すことを考えなければいけません。「新規出店やその業界のシェア拡大の余地がなくなる前」や「激しい競争に陥る前」に、社長は新規事業の立上げとも呼べるほどの事業変革を考えます。

これは、すべての企業に共通していることといえます。今の事業は必ず古くなり、収益が上げにくくなります。その間に、次の手を打つのです。

この3つが、これからの社長の仕事であり、時間の使い方になります。

会社の存続にかかわるこの業務については、社長の替わりは誰にもできません。社員にも役員にも、われわれのようなコンサルタントにも、替わりはできません。それゆえに、それ以外の業務は管理者や社員に任せて、専念する必要があるのです。

また、その組織というものは、よくも悪くも「現状を維持すること」を使命とします。

「決められたことを、そのとおりに行うこと」が組織であり、管理者の役目であり、社員に求められることです。ですから、ここでも、変えることに大きな抵抗を示すことが多くあります。その抵抗は、もっともらしい理由として出ます。それに対してNOと答え、変革を断行することができるのは、社長という存在だけです。

顧客や業界の変化、事業の勝機を見つけるために「外」で動いている社長、会社の将来や社員の生活に、唯一人責任を持てる社長だからこそ、その決断ができるのです。また、外にいる社長こそが客観性を保つことができ、自社のビジネスや置かれた状況をクールに観られるのです。

年商10億円は「幸せの目安」

Ｔ社は、このときの社員１人当たりの生産性を確認すると、１，０００万円を少し超えるぐらいになっていました。これを確認できたこと、そして、より優秀な社員を得るために、Ｔ社長は社員の給与水準を上げることに踏み出すことができました。

Ｔ社長に、今後の展開や新規事業についてどうお考えか、尋ねさせていただきました。

「新規事業は考えていません。１つの事業でもこれだけやることがあり、大変なことがわかりました。また、当社が営業を積極的にやっていることで、同業他社も営業を強化し始めています。こうなると、益々自社の特色を強めなければいけません。事業を複数持つことは、今は考えられません。それよりも、もっと大きく展開することを考えてます。今、Ｙ県とＦ県にも営業エリアを広げようかと調査をしております。それのほうが社員の給与を上げてやれます」。

当社がお手伝いさせていただく社長には共通点があります。それは、皆さまが全員２つの大きな欲を持っておられるという点です。

1つ目の大きな欲は、「社会に貢献することやよい影響を与えたいという欲」です。「自社のよい商品（サービス）を多くの人に使っていただきたい」、そして、その結果、「もっと快適で幸せになってほしい」、「苦しみや損をしている状態から解放されてほしい」と本気で思っています。

その事業への思い入れの根底は、社長自身の実体験であったり、自分が生きるために歩んできた道にあったりします。それでこそ、事業を起こし、何かを提供したいという想いを強く持ちます。

そして、同時に、『これはやりたくない』という想いがあります。顧客をだますことや不正をしてまで儲けたくないと考えています。

やりたい欲も強ければ、やりたくない欲もしっかり持つ、それ故に商売の中に誠実さを秘めることになります。

そして、2つ目の大きな欲は、「自社にかかわる人を幸せにしたいという欲」です。

それには、社員や現場のスタッフはもちろん、協力業者に対してもそれを持っています。自分の会社に入った社員やスタッフが、「お客様から厳しいお叱りを受ける」、「働き甲斐を感じない」、または「自社の将来に対し不安を持っている状況」を本当に悲しく思っています。そして、去っていく社員の姿に、心傷ついています。

協力業者に対しても、よいパートナーとして、お互いに切磋琢磨し、ＷＩＮ・ＷＩＮの取引関係で、お互いに発展できたらと考えています。

この欲は、私がかかわったすべての社長が持っている欲です。

そして、また、事業を年商10億円以上に飛躍させた社長が、共通して持つ欲でもあります。社長は、絶対に年商10億円にするという意思を持ってください。

それも、ただの年商10億円ではなく、しっかり仕組みで回り、しっかり儲かる年商10億円事業です。それは、会社としての永続的な強さを持つことを意味します。

建設関連業T社は、年商８億円が４年で28億円になりました。設備設計業N社では、「自社の得意」で大手部品メーカーからの１件の受注が決定しました。システム開発業M社は、創業３年目で年商８億２，０００万円、自動車ディーラーS社は、新車販売が年間２００台から３年後３６０台になりました。

これらの企業は、強い商売を構築しており、分業の仕組みを回しています。そして、社員が厳しい仕事に前向きに取り組んでいます。

年商数億円という規模では、絶対的にその業界やその市場では弱い存在になります。また、その規模では、分業や仕組みの効果も限定的で、社員１人当たりの生産性は高くなりません。また、仕組みで回っていない状態では、社員は活躍できません。

年商10億円というのは、１つの目安なのです。それは、その業界やその分野で、事業の強さを発揮できる規模の目安であり、分業が効果を発揮する規模の目安なのです。

それにより、社員に給与をしっかり払うことができます。かつ、社員やその家族が、自分たちの明日の生活と未来に安心と希望を持てる目安なのです。

私が、「年商10億円」、「儲かる」そして、「仕組み」を強く提唱する理由がここにあります。

いろいろな経営に関する情報が多く飛び交い、それが多くの経営者の知識になっている反面、惑わしたり、焦りをあおったりする現状に危惧を抱かずにはいられません。

また、時代はすごいスピードで変化しています。10年後には、今生まれた事業が大きく育ち、一方で多くの事業が衰退または消滅しています。それが社会の進歩なのです。

だからこそ、私は、「原則」に沿った経営をしていただきたいと切望しております。

環境や状況が変われども、どの時代でも「多くの人を幸せにしたもの」が、称賛を受け、栄えるのです。

お客様、取引先、社員、その背負うものは大変大きく、気が休まるときはありませんが、皆さまの頑張りこそが、この地域や国、世の中をよりよくします。

本書を手に取られた経営者の方、また、新規事業立上げにかかわる方や起業を目指す方が、さらに世に貢献し、かつ儲かる事業への飛躍を遂げられることを念じております。

まとめ

- 組織の基本機能は、「決められたことを、正しくすること」。そのため、改革には抵抗を示す。改革の決定は、社長が行い、その実行の意見を聴くという姿勢を貫くこと。
- 社長の視点は、次の事業のステージに合わせ変化させる必要がある。「売上」から「売上をつくる仕組み」、そして、「その仕組みを改善し続ける組織」へと。

・組織の階層が増え、分業が進むことで、現場の状況が急激につかめなくなる。狙ったとおりの価値が提供できているのか、それを自ら確認すること。

・顧客の変化、ライバル会社の動向をいち早く察知し、会社を変革する。それが、社長の一番の仕事である。

・年商10億円という規模は、「事業の強さ」、「分業の効果」、「社員の安心」、「社会への貢献」ができる目安である。社長は、より多くの人を幸せにするために、「原則」に沿った経営をする。

あとがき

イメージを持っていただけたでしょうか?

これこそが、私が本書を書いた目的であり、本書を読んでいただいた方へ提供したい価値になります。

私は、この年商10億円事業の全体のイメージを持っていただくことが、皆さまの今後の経営の強い指針と実践に繋がると信じております。

コンサルティングやセミナーの場では、いつもこの全体が繋がるイメージを持っていただくのに、自分の力不足を感じておりました。このような形で出版できることを、大変うれしく思います。

日々、企業や経営者とかかわらせていただき、「もったいないなあ」と感じることが多くあります。素晴らしいビジネスモデルがあり、社長の志も高い。そして、社員やかかわるスタッフの幸せを本気で望んでらっしゃる。

しかし、それを具現化するための実務ノウハウを持たないため、世に広まればもっと多くの人を幸せにできるはずのビジネスが、日の目を見ずにいます。その結果、その社長自身も、そして、ついてきてくれるスタッフやその家族も報われずにいます。

私は、そんな皆さまに、その実務ノウハウを提供させていただくことを生涯の仕事として考えております。

コンサルティングの場では、いつも「経営者自らが、実際にやってみていただくこと」を強くお願いしております。そして、その上で、その補足や改善の説明を加えさせていただいております。そのため、経営者側にも、大きな負担になっていることは間違いありません。

しかし、この実際にやってみるというプロセスなしに、年商10億円を超えることも、事業の飛躍もありません。そのプロセスを実際に行うことでしか、この考え方と実務ノウハウを本当の意味で習得することにはなりません。そして、実際に運用してこそ、その真価と要所がわかるのです。だからこそ、貴重な資源（資金、社員の人生）を投じる決断ができるのです。

われわれコンサルタントがかかわるのは、期間にすれば一時です。その後は、やはり経営者が中心となり、事業やその仕組みを進化させ続けることになります。

経営や事業というものは、どこまで行っても実行と修正の繰返しです。「やってみないとわからない、やっているからこそわかる」というものです。だからこそ、本当に必要なことを知り、それに注力していただきたいと願っております。

本書により、皆さまが、その実践への勇気を持ち、そして、自社をどう変化させていくのかを描いていただければ幸いです。志高い皆さまに導かれる会社は幸せです。お客様、働く人とその家族も、協力業者も、幸せにします。

株式会社ワイズサービス・コンサルティング　代表取締役　矢田　祐二

著者略歴

矢田　祐二（やだ　ゆうじ）

株式会社ワイズサービス・コンサルティング代表取締役。年商 10 億円事業構築コンサルタント。

儲かる 10 億円ビジネス構築のノウハウを提供する、経営実務コンサルタント。

特に、体系化された理論により、「確実に仕組みで稼ぐ体制をつくり上げる」、「成長を続ける組織を構築すること」で定評がある。その実践的で明確な内容、そして、魅力的な人柄に全国からコンサルティングの依頼が来ている。

大学卒業後、大手ゼネコンで施工管理に従事。当時、組織の生産性、プロジェクト管理について研究を開始。多くの企業がこの規模で止まる、だからこそ、この規模にこだわり、真理を求める。

「その事業にかかわる人を幸せにする」、この信念のもと、コンサルタント歴 23 年、500 社以上の実務コンサルティングという実績。直近では、指導開始後数年で年商数億円が 10 億円越えをした企業は数十社以上。


株式会社ワイズサービス・コンサルティング　http://www.yssc.jp/

社長が 3 か月不在でも、仕組みで稼ぐ、
年商 10 億円ビジネスのつくり方

2017 年 3 月 17 日 初版発行　　2024 年 9 月 5 日 第 23 刷発行

著　者　矢田　祐二　© Yuji Yada
発行人　森　　忠順
発行所　株式会社 セルバ出版
〒 113-0034
東京都文京区湯島 1 丁目 12 番 6 号 高関ビル 5 B
☎ 03（5812）1178　FAX 03（5812）1188
http://www.seluba.co.jp/
発　売　株式会社 創英社／三省堂書店
〒 101-0051
東京都千代田区神田神保町 1 丁目 1 番地
☎ 03（3291）2295　FAX 03（3292）7687

印刷・製本　株式会社 丸井工文社

Printed in JAPAN
ISBN978-4-86367-325-0